디자인 인문학과 인공지능

AI문고

인공지능 시대입니다. 기계가 인간의 인지를 대신하고, 사물이 인간을 통하지 않고 다른 사물과 직접 커뮤니케이션합니다. 이에 따른 인간 삶과 문명 변화를 정확히 이해·예측·대응하는 것은 이 시대 우리 모두의 과제입니다. AI문고는 인공지능 기술과 환경의 여러 주제를 10가지 키워드로 정리합니다. 관련 개념과 이론, 학계와 산업계의 쟁점, 우리 일상의 변화를 다룹니다. 인간과 기술의 현재, 미래를 세심히 분석합니다.

일러두기

- 인명, 작품명, 저서명, 개념어 등은 한글과 함께 괄호 안에 해당 국가의 원어를 병기했습니다.
- 외래어 표기는 현행 어문규정의 외래어표기법을 따랐습니다.

처음이세요?

전문가세요?

디자인 인문학과 인공지능

박신희

대한민국, 서울, 커뮤니케이션북스, 2025

디자인 인문학과 인공지능

지은이 박신희
펴낸이 박영률

초판 1쇄 펴낸날 2025년 5월 8일

커뮤니케이션북스(주)
출판 등록 2007년 8월 17일 제313-2007-000166호
02880 서울시 성북구 성북로 5-11
전화(02) 7474 001, 팩스(02) 736 5047
commbooks@commbooks.com
www.commbooks.com

ISBN 979-11-7307-996-2 03500

책값은 뒤표지에 표시되어 있습니다.

차례

디자인 인문학과 인공지능의 만남

이 책은 디자인과 인문학, AI의 융합을 통해 현대 디자인 문제를 해결하고자 하는 새로운 접근을 제시한다. 디자인은 형태와 기능을 충족시키는 것 외에도, 사회적 · 문화적 가치를 반영하는 경우가 많다. 이러한 과정에서 인문학적 사고는 사람들의 삶과 문화에 대한 깊은 이해를 바탕으로 디자인을 보다 인간 중심적으로 이끈다(Shneiderman, 2022).

고대 그리스에서 '테크네(technē)'는 기술을, '시엔티아(scientia)'는 지식을 의미했으며, 후에 '아츠(arts)'는 기계적 기술을 넘어 인간의 삶과 사회를 이해하는 사고방식을 나타내게 되었다. 총체로서의 인문학에 대응하는 영어 어휘인 '아츠(arts)'는 예술뿐만 아니라 '기술', '학문', '지식'을 포괄하는 넓은 범위를 의미하는 것이다.

오늘날 '아츠(arts)'와 '사이언스(sciences)'는 대중적으로 반대되는 개념으로 인식되지만, 과거에는 두 개념의 구분이 명확하지 않았고, 많은 분야에서 서로 교차하며 연구되었다. 예를 들어, 르네상스 시대의 학자들은 인문학을 자연과학을 포함한 폭넓은 지식의 교차점으로 바라보았다. 17세기 이후, 자연과학은 독립적인 학문 분야로 분리되었고, '인문학'은 인간 본질을 탐구하는 철학적이고 비판적인 사고로 자리 잡았다.

현재의 인문학은 자연과학, 사회과학, 형식과학 및 응용과학을 제외한 다양한 연구 분야로 이해된다. 사회과학과 자연과학은 인간 사회와 자연 환경의 현상에 대해 경험적(귀납적) 접근 또는 보편적인 원칙에서 특정한 법칙을 도출하는 연역적 접근을 통해 연구되며, 이 둘의 차이는 주로 연구 대상과 방법론에서 나타난다. 반면, 인문학은 인간 본질에 대한 심층적이고 비판적인 사고를 바탕으로, 인간의 정수를 탐구하는 것을 주된 목표로 한다(Namu Wiki, n.d.). 이러한 인문학적 맥락에서 디자인 인문학(design humanities)은 인문학적 사고를 디자인 프로세스에 통합하는 학문으로, 단순히 심미적이고 기능적인 측면을 넘어서 인간의 경험과 사회적 가치를 반영한 혁신적인 디자인 솔루션 도출을 목표로 한다. 이는 디자인이 사용자의 감정, 사회적 맥락, 문화적 특성을 반영해 더 깊은 의미를 지닌 결과물을 창출하는 데 중점을 둔다.

현대 사회는 기술의 비약적인 발전과 함께 인간의 삶

과 사고방식에 깊은 변화를 겪고 있다. 디자인, 인문학, 그리고 인공지능(AI)은 각각 독립적으로 발전해 왔지만, 이들 간의 융합은 현대 사회의 복잡한 문제를 해결하는 데 중요한 역할을 할 수 있다.

디자인은 단순히 인간의 필요와 욕구를 시각적이고 기능적으로 구현하는 것을 넘어서, 인간의 경험을 반영하고 사용자가 직면하는 문제를 해결하는 창의적이고 혁신적인 과정을 포함한다. 이는 형태와 기능을 결합해 실용적이면서도 심미적인 결과물을 도출하는 복합적인 과정이다.

인문학은 인간의 본성과 사회적 가치를 탐구하고, 도덕적이며 규범적인 삶의 태도를 정립하는 데 중요한 역할을 해 왔다. 그러나 정보화와 글로벌화가 급격히 진행되면서 인문학은 위기에 직면하게 되었다. 특히 한국에서는 학문적 중요성과 기여도가 실용성 기준으로 평가되는 경향이 강했기 때문에, 인문 사회 계열 학문은 상대적으로 낮은 평가를 받아 왔다. 1960년대부터 자연과학 분야가 다른 학문들보다 우위를 점하게 되면서, 경제 성장에 초점을 맞춘 사회적 분위기 속에서 인문학의 중요성이 간과되기 시작했다. 그러나 급속한 기계 문명의 발전과 경제 성장이 가져온 인간성 상실과 각종 사회 문제는 인문학의 필요성을 다시금 부각시켰다(배규한, 1997).

아놀드 토인비(Arnold J. Toynbee)는 그의 대표작인 『역사의 연구(A study of history)』에서 '창조적 소수(creative minority)'라는 개념을 제시하며, 문명의 붕괴 원인이 창조적 소수가 퇴화해 '지배적 소수(dominant minority)'로 변질되는 데 있다고 설명했다. 그는 창조적 소수가 지속적으로 새로운 도전에 대응하며 문명을 발전시키는 반면, 그 역할을 상실하면 문명은 쇠퇴와 해체의 길로 들어선다고 주장했다(Toynbee, 1934-1961).

이와 같은 위기는 현대에도 반복되지만, 동시에 재도약과 혁신의 기회를 제공하고 있다. 특히, 인공지능(AI)은 방대한 데이터를 분석하고 패턴을 인식하는 능력을 통해 디자인과 인문학의 접근 방식을 근본적으로 변화시키고 있다. 이에 따라, 현대를 살아가는 디자이너와 디자인을 공부하는 이들은 디자인 인문학과 AI의 융합에 대해 심도 깊은 이해를 필요로 한다.

디자인 인문학의 관점에서 AI는 창의적 사고를 지원하고 복잡한 문제에 대한 효과적인 해결책을 제안하며, 더욱 풍부한 디자인 결과물을 도출할 수 있다. 즉, 인간 중심적이고 지속 가능한 사회적 가치를 실현하는 데 기여할 수 있다.

이 책은 디자인 인문학과 인공지능의 융합을 통해 창의적이고 지속 가능한 디자인의 미래를 조망하고, 이를 기반으로 교육과 실무에서 활용할 수 있는 방안을 제시한다. 또한, 인공지능 시대의 디자이너와 교육자가 창의적 사고와 윤리적 책임을 겸비한 디자인 솔루션을 모색하는 데 필요한 통찰을 제공하고자 한다.

디자인 인문학의 방향성

디자인 인문학은 디자인과 인문학을 융합해 인간 경험과 사회적 맥락을 깊이 탐구하는 학문이다. 이는 단순히 미적 요소나 기술적 효율성에 그치지 않고, 디자인이 어떻게 인간의 가치와 윤리, 문화적 배경과 상호 작용하는지에 중점을 둔다. 디자인 인문학은 사용자 중심의 접근, 윤리적 책임, 비판적 사고, 문화적 맥락의 이해, 그리고 학제 간 협력과 같은 요소를 통해 인간 중심적이고 지속 가능한 디자인 실천을 도모한다(주성재 · 문찬, 2011).

디자인 인문학은 이론적 탐구를 넘어 실질적으로 인간과 사회를 연결하는 가교로 기능한다. 이는 디자인이 사회적 · 경제적 · 환경적 맥락 속에서 인간의 삶을 어떻게 개선하고 지속 가능한 미래를 만들어 나갈 수 있는지 탐구하는 과정을 포함한다. 예를 들어, 디자인 인문학은 사용자의 경험을 깊이 이해하고, 그들의 필요와 욕구를 고려하는 방식으로 디자인이 사회적 책임을 다하는 데 필요한 가치를 발휘할 수 있게 한다. 이는 단순한 제품 디자인이나 서비스 디자인을 넘어 사회적 불평등, 환경적 문제, 윤리적 책임 등을 반영한 디자인 실천을 제시하는 방향으로 나아간다.

AI의 도입은 디자인 인문학의 역할을 강화하면서도 새로운 질문과 도전을 제시한다. AI는 데이터를 분석하고 패턴을 인식하며, 예측을 통해 디자인 과정의 효율성을 높이는 데 중요한 역할을 한다. 그러나 AI의 사용은 기술적 발전이 인간의 가치와 윤리적 기준을 넘어서는 방향으로 진행될 위험도 내포하고 있다. 따라서 AI의 도입은 인간 경험과 기술적 발전의 균형을 맞추는 중요한 과제가 된다. 이러한 도전 속에서 디자인 인문학은 중요한 역할을 한다. 디자인 인문학은 인간 중심적 설계를 바탕으로, AI가 제공하는 기술적 혁신을 사회적 · 윤리적 가치와 조화를 이루도록 이끄는 방향을 제시해야 한다.

나아가, 디자인 인문학은 학제 간 협력을 통해 다양한 분야의 지식과 통찰을 결합함으로써 기술과 인간의 가치를 통합하는 혁신적인 디자인 솔루션을 도출할 수 있다. 이러한 접근은 디자인 인문학의 미래가 단순히 기술 발전을 따라가는 것이 아니라, 지속 가능한 사회적 변화를 이끄는 데 중요한 역할을 할 수 있음을 의미한다.

디자인 인문학과 인공지능(AI)의 융합 가능성

인공지능의 발전은 디자인과 인문학의 융합 가능성을 한층 더 확장시키고 있다. 데이터 분석, 패턴 인식, 그리고 자동화를 통해 AI는 디자이너가 창의적이고 인간 중심적인 문제 해결에 집중할 수 있도록 돕는다. 예를 들어, AI는 사용자 경험 데이터를 분석해 더욱 개인화된 디자인 솔루션을 제시하고, 글로벌 시장에서 문화적 맥락을 반영한 디자인을 가능하게 한다. 또한, AI는 반복적인 작업을 자동화해 디자이너가 창의적 사고에 더 집중할 수 있도록 지원하고, 자원의 효율적 사용과 환경적 영향을 최소화하는 솔루션을 제시할 수 있다. 복잡한 문화적 데이터를 분석하는 AI는 글로벌 사회에서 더욱 포용적인 디자인을 가능하게 하며, 디자이너와의 협업을 통해 풍부한 창의적 결과물을 도출한다.

디자인 인문학과 인공지능의 융합은 단순한 기술적 진보를 넘어서, 인간 중심적이고 지속 가능한 디자인을 실현하는 데 새로운 패러다임을 제시한다. 이는 디자인이 사회적·문화적 문제를 해결하는 데 중요한 역할을 할 수 있도록 하며, 지속 가능한 혁신과 윤리적 책임을 다하는 디자인 실천을 가능하게 한다.

인간 중심적 접근의 중요성

디자인 인문학은 디자인과 인문학을 융합해 인간 경험과 사회적 맥락을 깊이 탐구하는 학문이다. 이 학문은 단순히 미적 요소나 기술적 효율성에 그치지 않고, 디자인이 인간의 가치와 윤리, 문화적 배경과 어떻게 상호 작용하는지를 중심으로 다룬다. 인간 중심적 접근은 디자인이 단지 기능적이고 아름다운 형태를 제공하는 것을 넘어, 사람들의 삶의 질을 향상시키고 사회적 · 윤리적 책임을 다하는 데 중요한 역할을 한다.

인간 중심적 접근은 디자인이 단지 기능적이거나 아름다운 형태를 제공하는 것을 넘어, 사람들의 삶의 질을 향상시키고 사회적 · 윤리적 책임을 다하는 데 중요한 역할을 한다. 이는 곧, 인간의 본질과 욕구를 반영한 디자인이 실질적인 가치를 창출하고 사회적으로 의미 있는 변화를 이끌어 낼 수 있음을 시사한다.

오늘날 AI의 도입은 이러한 인간 중심적 접근의 중요성을 더욱 부각시키고 있다. AI는 방대한 데이터를 분석하고 예측하는 능력을 통해 디자이너가 사용자 경험을 보다 깊이 이해하고, 문화적 배경과 사회적 요구를 반영한 맞춤형 솔루션을 제시할 수 있도록 지원한다.

그러나 기술의 진보가 반드시 인간 중심성을 보장하는 것은 아니다. AI의 발전이 윤리적 기준이나 인간의 가치를 충분히 고려하지 않을 경우, 그 혁신은 오히려 인간 경험을 위협할 수 있다.

따라서 인간의 경험과 기술 발전 사이의 균형을 모색하는 일은 현대 디자인의 핵심 과제이며, 디자인 인문학은 이 균형을 실현하기 위한 핵심적인 인식 틀과 실천 방법론을 제공한다.

디자인 인문학은 단순한 이론적 탐구를 넘어 인간과 사회를 연결하는 가교로 기능하며, AI와의 결합을 통해 인간 중심적이고 지속 가능한 디자인 실현을 가능하게 한다. 이는 인간의 경험을 진정성 있게 반영하는 디자인을 통해 사회적 · 문화적 문제를 해결하고, 미래 지향적이면서 윤리적인 디자인을 구현하는 데 필수적인 접근 방식으로 자리매김하고 있다.

미래 교육과 실무에 미치는 영향

디자인 인문학과 AI의 융합은 교육과 실무 모두에 중요한 시사점을 제공한다. 미래의 디자이너는 단순히 도구를 사용하는 기술자가 아니라 AI와 협력해 인간 중심적이고 지속 가능한 디자인을 구현하는 창의적 문제 해결자가 되어야 한다. 이를 위해 디자인 교육은 AI 도구 사용뿐 아니라 데이터를 분석하고 윤리적 시각에서 이를 해석하는 능력을 배양해야 하며, 인간과 AI 간의 협력 관계를 창의적으로 활용하는 방식에 대한 교육과 더불어 AI의 기술적 가능성을 비판적으로 평가하고 윤리적 책임을 고려하는 사고방식을 함양해야 한다. 이러한 교육적 접근은 학생들의 기술적 능력을 향상시킬 뿐만 아니라, AI와 인문학적 사고의 융합을 통해 창의적이고 혁신적인 디자인 솔루션을 모색하는 데 기여할 수 있다. 또한 학제 간 협력을 통해 AI와 인문학적 지식을 통합함으로써 현대 사회의 복잡한 문제를 해결하는 데 중요한 역할을 하고, 이를 통해 디자인은 기술적 혁신의 도구를 넘어 지속 가능한 발전, 포용적 디자인, 그리고 문화적 다양성을 촉진하며 사회적 가치와 인간의 삶의 질을 향상시키는 데 기여할 수 있다.

이 책의 구성

『디자인 인문학과 인공지능(AI)』은 디자인, 인문학, 그리고 인공지능(AI)의 융합을 통해 현대 디자인 문제를 해결하려는 새로운 접근을 제시하는 책이다. 이 책은 디자인이 단순히 형태와 기능을 충족시키는 것 외에도 사회적이고 문화적인 가치를 반영하는 역할을 강조한다. 또한 인간 중심적이고 윤리적인 디자인 솔루션을 도출하는 방법을 탐구하며, 디자인의 인문학적 접근과 AI의 융합을 분석한다. 창의성과 윤리적 고려를 바탕으로 지속 가능한 디자인 실현 방안을 제시하고, AI와 디자인의 융합이 창의적 문제 해결을 어떻게 혁신적으로 변화시키는지 다룬다. 저자의 실질적인 경험과 연구를 바탕으로 AI와 디자인의 협력 방안을 구체적으로 제시하며, 디자인 분야에서 AI의 잠재력을 실현하는 방법에 대해 심도 깊은 논의를 펼친다.

이 책은 크게 세 가지 주요 분야로 나뉜다.

첫째, 디자인 인문학의 기본 개념과 역할에 대한 부분이다. 디자인 인문학은 디자인과 인문학 간의 교차점을 탐구하고, 디자인이 인간의 가치와 윤리, 문화적 맥락을 어떻게 반영하는지 설명한다. 이는 단순한 기능과 미학을 넘어 철학, 역사, 문화 이론을 디자인 사고에 통합하는 과정을 의미한다. 또한, 디자인 과정에서 사회적 책임을 다하는 방식으로 인문학적 사고가 발전해야 한다는 점을 강조하며, 디자인이 단순히 상업적 도구가 아닌 사회 문화적 가치를 창출하는 수단으로서 기능해야 함을 제시한다.

둘째, AI와 디자인의 융합과 관련한 부분이다. 인공지능은 디자인 프로세스를 혁신적으로 변화시키며, AI 기술이 디자인에서 어떻게 활용될 수 있는지 설명한다. AI는 반복적인 작업을 자동화하고, 데이터를 분석해 더 나은 디자인 결정을 돕는 도구로 작용한다.

셋째, 디자인 교육과 실무에서의 AI 통합과 관련한 부분이다. AI 기반 도구가 어떤 방식으로 디자인 교육에서 학생들의 창의적 문제 해결 능력을 향상시키고, 학생들이 기술과 창의성을 융합하는 방법을 배우는 데 어떻게 도움을 주는지를 설명한다.

구체적으로, 1장에서는 디자인 인문학의 의미와 역할을 설명하며, 디자인이 단순한 미학적 표현을 넘어 사회적 · 문화적 가치와 연관된 창조적 작업임을 강조한다. 2장에서는 디자인의 본질을 탐구하고, 인문학적 접근이 디자인에 어떻게 적용될 수 있는지 살펴본다. 3장에서는 인공지능의 기술적 개념을 소개하며, AI가 디자인 분야에서 어떻게 실질적으로 활용될 수 있는지 논의한다.

4장에서는 인간의 감수성과 디자인의 융합을 다루며, AI와 인간의 협력 관계가 창의적이고 감성적인 결과를 만들어 낼 수 있는 방안을 제시한다. 5장에서는 AI 시대 디자인 윤리의 중요성을 강조하고, 기술 발전에 따른 윤리적 문제와 책임을 심도 있게 다룬다. 6장에서는 AI와 디자인의 융합 사례를 통해 실제 디자인 프로젝트에서 AI와 디자인이 어떻게 협력할 수 있는지 구체적으로 분석한다.

7장에서는 디자인 교육의 새로운 방향을 제시하며, 전통적인 디자인 교육에서 AI와의 융합이 왜 중요한지, 그 가능성을 탐구한다. 8장에서는 인문학적 사고와 AI의 융합 교육에 대해 논의하며, 미래 디자이너들이 AI를 창의적 도구로 어떻게 활용할 수 있을지에 대한 교육 모델을 제시한다.

9장에서는 디자인의 진화와 미래 전망을 다루며, 기술의 발전이 디자인의 방향을 어떻게 변화시킬 것인지 예측한다. 마지막으로 10장에서는 디자인 인문학과 AI의 공존을 통해 창의적 미래를 그리며, AI와 인간의 협력으로 이루어질 새로운 디자인 패러다임을 제시한다.

AI의 발전은 디자인 분야에 새로운 가능성을 열었다.

이 책은 AI와 디자인, 인문학의 융합을 통해 창의적이고 지속 가능한 디자인을 어떻게 구현할 수 있는지에 대한 통찰을 제공하며, AI의 기술적 혁신과 인간 중심의 디자인 사고를 결합해 더 나은 사회적 가치와 인간의 삶의 질을 향상시키는 방향으로 디자인을 이끌어 가야 한다는 메시지를 담고 있다.

AI의 기술적 진보와 함께 디자인의 창의성과 인간 중심 접근을 어떻게 균형 있게 유지할 수 있는지를 탐구하며, AI의 잠재력을 윤리적 측면에서 이해하고 이를 창의적 문제 해결에 혁신적으로 적용할 수 있는 방향을 제시한다. AI와 디자인의 융합은 단순한 기술적 도약을 넘어, 인간과 기술이 협력해 더 나은 사회를 만들어 가는 과정이어야 한다.

이 책이 AI와 인간의 협력을 더욱 창의적이고 윤리적인 방식으로 발전시키며, 디자인 분야에서 AI가 가져올 변화와 기회에 대해 더 깊이 이해할 수 있는 기회를 제공하기를 바란다.

참고문헌

배규한(1997). 인문 · 사회계열 학술진흥을 위한 장기계획. 『한국학술진흥재단 학술정책토론회: 21세기의 도전과 한국의 학술발전 자료집』(61-82쪽). 서울: 한국학술진흥재단.

Namu Wiki.(n.d.). 인문학. https://namu.wiki/w/%EC%9D%B8%EB%AC%B8%ED%95%99

Shneiderman, B.(2022). *Human-centered AI.* Oxford University Press.
Toynbee, A. J.(1934–1961). *A study of history.* Oxford University Press.

01
디자인 인문학의 의미와 역할

디자인 인문학은 기술 발전과 인간 중심 사고를 결합해 디자인의 사회적 · 문화적 가치를 탐구하는 학제 간 연구 분야다. 이는 디자인이 단순한 조형을 넘어 인간 경험과 사회적 가치를 포괄하는 방식으로 발전하고 있음을 보여 준다. AI 시대의 디자이너들은 기술과 인간의 조화를 고려한 지속 가능한 디자인 솔루션을 개발해야 하며, 윤리적이고 창의적인 디자인 환경을 조성해야 한다.

인문학의 기원과 발전

인문학(the humanities)은 고대 그리스와 로마의 문화와 철학을 바탕으로 하며, 그 기원은 교육과 학습을 의미하는 그리스어 '파이데이아(paideia)'에 뿌리를 두고 있다. '파이데이아'는 놀이(paidia)에서 학교 교육(paideusis)을 거쳐 교육(paideia)으로 정착하는 개념을 나타내며, 이는 인간이 어떻게 교육을 통해 지혜와 도덕적 성숙을 이룰 수 있는지를 중시하는 철학적 기초를 마련했다. 그리스 철학의 영향을 받아 발전한 로마 시대 철학에서 중요한 가치 중 하나인 '후마니타스(humanitas)'는 인간이 어떻게 인간답게 살아갈 수 있는지에 대한 성찰과 가르침에 중점을 두었다. 이 가르침은 '인간다움을 기르는 것'에 초점을 맞추고, 인간 존재의 의미를 탐구하는 중요한 역할을 한다(Dilthey, 19865/2009).

동양에서도 유사한 개념이 존재했다. 공자는 '군자는 한 가지 목적으로 쓰이는 그릇이 아니다'라는 의미의 '군자불기(君子不器)'라는 말을 남겼으며, 이는 동양 교육에서도 특정 분야나 기술에 제한되지 않고 인간의 '도(道)'를 중요하게 여겼다는 것을 시사한다(백낙청, 1994). 한자 '인문(人文)'의 '문(文)'은 '무늬[紋]'와 '결' 또는 '이치[理]'를 의미한다. 여기서 무늬는 인간의 삶과 경험을 나타내며, 결은 인간이 지켜야 할 가치, 즉 도(道)나 삶의 방향성을 뜻한다(신승환, 2010). 따라서 인문학은 인간답게 살기 위한 행동과 피해야 할 것들을 성찰하는 내용을 담고 있으며, 이러한 성찰을 통해 인간 존재의 가치를 탐구하고 인류의 정신적 발전을 이끄는 중요한 역할을 한다.

결론적으로, 동양의 인문학은 '사람의 무늬' 또는 '사람의 결'을 연구하는 학문으로, 인간다운 삶에 대한 성찰을 중심으로 한다. 이는 인간다움이라는 주제를 통해 끊임없이 자신을 돌아보는 '성찰의 학문'이며, 동시에 인간답게 살아가라는 교육적 메시지를 전달하는 '교육의 학문'이기도 하다(최태욱 외, 2020). 현대 인문학은 고대 철학에서 제시한 인간다움에 대한 성찰을 계승하면서, 이를 현대 사회의 복잡한 문제들과 결합시켜 인간 존재의 의미를 더 깊이 탐구하는 방식으로 발전하고 있다. 인간 존재에 대한 철학적 고찰, 윤리적 문제, 사회적 역할 등을 통해 '인간다운 삶이란 무엇인가?'라는 질문에 대한 답을 찾으려는 노력은 오늘날의 인문학이 여전히 추구하는 핵심 목표다. 예를 들어, 존재론적 질문('우리는 누구인가?'), 윤리적 질문('어떻게 살아야 하는가?')에 대한 탐구는 인간 존재와 가치에 대한 근본적인 성찰을 통해 현대 사회의 복잡한 문제들을 해결하려는 노력의 일환으로 이루어지고 있다.

동양과 서양을 아우르는 인문학은 인간 존재의 의미와 가치를 탐구하는 학문으로, 과거의 교훈을 현대 사회에 적용하는 데 중요한 역할을 한다. 인간의 삶에 대한 깊은 성찰을 통해 인문학은 우리가 누구인지, 어떻게 살아가야 하는지에 대한 질문을 끊임없이 던지며 그 답을 찾아 왔다. 이러한 성찰은 기술 발전과 사회 변화 속에서도 여전히 중요한 가치로 작용한다. 특히 현대 사회는 기술 변화가 급격히 이루어지고 있는 가운데, 인간다움에 대한 질문은 더욱 중요해지고 있다.

결국, 현대 인문학은 고대의 철학적 성찰을 이어받아 이를 현대 사회의 복잡한 문제들과 결합시켜 인간 존재의 의미를 더 깊이 탐구하고, 변화하는 사회 속에서 인간다운 삶을 살아가는 방향을 제시하려는 노력으로 발전하고 있다. 존재론적 질문('우리는 누구인가?'), 윤리적 질문('어떻게 살아야 하는가?')에 대한 탐구는 오늘날에도 여전히 중요한 과제로, 인문학이 그 역할을 다하고 있음을 보여 준다. 현대 인문학은 단순히 과거의 교훈을 반복하는 것이 아니라 그 교훈을 현대적 시각에서 재조명하고, 그 이해를 체계적으로 발전시켜 나가며, 사회적 ·

문화적 변화 속에서 인간다운 삶을 살아가기 위한 새로운 지혜와 길을 모색하는 학문이다.

디자인 인문학의 주요 개념과 역할

디자인 인문학(design humanities)은 디자인과 인문학 간의 교차점을 탐구하는 분야이자, 복잡한 문화적 · 사회적 · 기술적 문제를 해결하는 것을 목표로 디자인 원칙과 인본주의적 탐구를 결합하는 학제 간 연구다. 이는 디자인이 단순한 시각적 · 기능적 요소를 넘어 인간 경험과 사회적 가치를 반영하는 역할을 한다는 인식을 기반으로 한다(Park & Kim, 2023).

디자인 인문학의 주요 영역으로는 디지털 인문학(digital humanities, DH), 사변적 디자인(speculative design), 윤리적 디자인(ethical design) 등이 있다.

디지털 인문학은 인문학과 정보기술(ICT)의 융합을 통해 연구 방식과 접근법을 혁신하는 학문이다(위키백과). 초기에는 데이터의 양적 처리를 중심으로 발전했으나, 점차 디지털 기술과 인문학이 유기적으로 융합되면서 데이터 분석, 시각화, 인공지능(AI), 인터랙티브 디자인 등 다양한 기술이 활용되고 있다. 미국 인문학재단(National Endowment for the Humanities, NEH)이

2006년 '디지털 인문학 이니셔티브(Digital Humanities Initiative)'를 출범하고, 2008년 '디지털 인문학 사무국(Office of Digital Humanities)'을 신설하면서 학문적 연구와 교육 분야에서 중요한 역할을 하게 되었다(한국학중앙연구원).

디지털 인문학의 발전은 특히 디자인 분야에서 인공지능(AI), 빅 데이터, 가상 현실(VR) 등의 기술을 통해 새로운 형태의 디자인 창작 방식을 제시하고 있다. 이러한 기술들은 디자인의 접근 방식을 단순히 '기술적 구현'을 넘어서 사회적, 문화적 가치를 반영하는 창작으로 이끌고 있다.

사변적 디자인은 기존의 문제 해결 중심 디자인과 달리 미래 가능성과 사회적 변화를 탐색하는 접근 방식으로, 주로 가상의 시나리오, 윤리적 논의, 기술 발전이 초래할 사회적 영향을 탐구하는 데 활용된다. 스마트시티에서 AI 및 자동화 기술의 발전은 인간의 정체성뿐만 아니라 도시 공간과 사회 구조 전반에 영향을 미칠 수 있다. 예를 들어, AI 기반 공공 시스템은 행정의 자동화, 시민 데이터의 실시간 분석, 도시 인프라의 자율적 관리 등 다양한 변화를 이끌며, 동시에 데이터 윤리, 시민의 프라이버시 보호, 인간과 AI의 협력 방식과 같은 윤리적 설계를 필수적으로 고려해야 한다(국토교통부 · 국토교통과학진흥원, 2024). 이를 통해 디자인은 사회의 가치와 기술 발전이 조화롭게 공존하는 방향을 제시할 수 있다.

윤리적 디자인은 인간 중심 디자인(human-centered design, HCD) 및 포용적 디자인(inclusive design)과 밀접한 관계를 맺으며, 기술의 공정성과 투명성을 유지하는 것을 목표로 한다. 예를 들어, AI가 공공 행정을 자동화하는 과정에서 시민 참여를 강화하고, 모든 계층의 사람들이 공정하게 기술을 활용할 수 있도록 설계하는 것은 윤리적 디자인의 핵심 원칙 중 하나다. AI 시스템의 공정성과 투명성을 유지하기 위해서는 데이터 활용 방식과 의사 결정 과정이 명확해야 하며, 알고리즘이 특정 계층이나 집단에 불이익을 주지 않도록 조정되어야 한다.

하지만, 연구에 따르면 이러한 원칙이 실제로 구현되는 과정에서 구체적인 방법이 부족해 개발자와 정책 결정자가 혼란을 겪는 '행동 지침 간극(action-guidance gap)'이 발생할 수 있다(Sahlgren, 2024). 이를 해결하기 위해서는 기술적 · 정책적 난관에 대한 다각적인 논의와 접근이 필요하다.

디자인 인문학과 윤리적 책임

디자인 인문학은 인간의 삶과 사회를 통합적으로 이해하고 이를 디자인 실천에 반영하려는 학제 간 접근법이다. 이는 디자인이 단순히 시각적 결과물이나 기술적 도구에 머무르지 않고 사람들의 감정, 문화, 윤리와 긴밀히 연결된 사회적 행위임을 강조한다.

디자인은 기술적 문제를 해결하는 기능적 수단을 넘어선다. 그것은 인간의 삶과 감정을 섬세하게 담아내며, 창의성과 공감을 바탕으로 사람들과 소통하는 과정이다. 특히 윤리적 관점에서 디자인은 사용자와의 정서적 연결을 형성하고, 사회적 · 문화적 메시지를 전달하는 데 중요한 역할을 한다. 이는 단순히 아름다움이나 편리함을 제공하는 것을 넘어, 디자인이 인간과 사회에 미치는 깊은 영향을 고려해야 함을 의미한다.

아무리 기술이 발전하더라도 사용자에게 미치는 감정적 영향을 이해하고 이를 디자인에 반영하는 과정은 여전히 인간의 직관과 감성에 의존한다. 이러한 점에서 디자인은 기술과 인간 사이의 다리를 놓는 역할을 하며, 그 과정에서 윤리적 책임과 감정적 공감을 함께 담아내야 한다.

결국 디자인은 단순히 기능적 효율성을 보완하는 데

그치지 않는다. 공정하고 평등한 사용자 경험을 보장하며, 사회적 책임과 환경적 지속 가능성을 실현하는 핵심 매개체로 작용해야 한다. 이는 디자인이 단순한 도구가 아니라 더 나은 삶과 사회를 만들어 가는 데 기여할 수 있는 강력한 힘임을 보여 준다.

따라서 디자인은 기능적 효율을 보완하는 수준을 넘어, 공정하고 평등한 사용자 경험을 보장하며 사회적 책임과 환경적 지속 가능성을 구현하는 핵심 매개로 작용해야 한다. 이에 디자인 인문학과 AI의 융합은 기술이 단순히 효율성과 기능을 추구하는 것을 넘어서 인간 중심의 가치와 사회적 책임을 담아낼 수 있도록 하는 중요한 통로가 된다.

이러한 협력적 접근은 기술 발전을 넘어선 사회적·환경적 지속 가능성을 지향하며, 디자인을 보다 윤리적이고 창의적인 방향으로 이끌어 간다.

더 나아가, 인간의 창의적 잠재력을 확장하는 AI의 진보는 우리가 직면한 복잡한 문제들을 해결하고 지속 가능한 사회를 구축하는 데 필수적인 동력이 될 수 있다.

디자인 인문학의 현대적 의미 고찰

디자인은 이제 단순한 형태나 기능을 넘어 인간의 기억

과 문화, 삶의 이야기를 섬세하게 직조하는 언어로 자리 잡고 있다. 기술은 인간의 삶을 확장하는 수단으로 진화하고 있으며, 인문학은 그 기술에 방향성과 깊이를 부여하는 내면의 나침반이 된다. 우리는 AI를 단순한 기술적 도구로 보지 않는다. AI는 사용자의 맥락을 이해하고 감정을 읽으며, 삶의 결에 자연스럽게 스며드는 '지적 공감체'로 진화하고 있다.

이러한 변화의 중심에는 인간 중심 인공지능(Human-Centered AI, HCAI)이라는 철학이 있다. HCAI는 AI가 인간의 창의성과 협업하며 보다 윤리적이고 책임 있는 방향으로 발전해야 한다는 개념이다(Shneiderman, 2022). 실제 디자인 현장에서 AI는 반복적인 작업을 자동화하고, 방대한 데이터를 분석해 정교한 디자인 결정을 지원한다. 반면, 인간 디자이너는 문화적 감수성과 윤리적 판단을 통해 디자인의 의미를 더한다. 이 둘의 상호 보완적 협업은 보다 인간적인 디자인, 맥락을 이해하는 디자인을 가능하게 한다.

오늘날의 디자인은 점차 사회적, 문화적, 환경적 요소를 아우르는 통합적 사고로 확장되고 있다. 예를 들어, 무인양품(MUJI)의 '노브랜드(No Brand)' 전략은 본질적 기능과 품질에 집중한 미니멀리즘을 통해 소비자에게 안정감과 지속 가능한 라이프 스타일을 제안한다. 이는 디자인이 기능을 넘어, 감성적 만족과 문화적 가치를 담는 매개체가 되고 있음을 잘 보여 준다.

또한, 브랜드에 스토리텔링을 접목하는 접근은 제품과 서비스에 감정적 깊이를 더해 사용자와의 관계를 확장시킨다. 소비자는 이제 단순히 제품을 구매하는 것이 아니라, 브랜드의 철학과 세계관을 함께 경험하고 공유한다. 이는 디자인이 소비자와의 감성적 연결을 강화하는 중요한 수단으로 작용함을 의미한다.

나아가 디자인은 지속 가능성을 실현하는 전략적 수단이기도 하다. 친환경 소재를 활용한 제품, 에너지 효율을 고려한 건축, 모두를 위한 접근성 디자인은 더 나은 미래를 위한 디자인 윤리의 실천이다. 여기에 AI가 더해지면 자원 사용의 최적화, 제품 수명 주기 분석, 재활용 가능성까지 고려한 통합적 디자인 접근이 가능해진다.

결국, 현대의 디자인 인문학은 기술 · 철학 · 예술이 교차하는 지점에서 디자인의 본질을 재정립하고, 미래 디자인의 방향성을 모색하는 데 핵심적인 역할을 한다. 디자인은 기술적 해법을 넘어서 사회적 가치와 윤리적 기준을 담아내야 하며, 이를 통해 기술과 인간 중심 사고가 조화된 창의적이고 지속 가능한 디자인이 실현될 수 있다. 이러한 인문학적 접근은 AI와 인간이 조화롭게 협력하는 새로운 디자인 패러다임의 토대를 만들어 갈 것이다.

참고문헌

국토교통부 · 국토교통과학진흥원(2024). 『스마트시티 글로벌저널 2024: Smart City Top Agenda』.

백낙청(1994). 세계시장의 논리와 인문교육의 이념. 소광희 외. 『현대의 학문체계: 대학에서 무엇을 배울 것인가』. 서울: 민음사.

신승환(2010). 『지금, 여기의 인문학』. 서울: 후마니타스.

최태욱 외(2020). 『사회 개선과 지속가능성 확보를 위한 인문학 교육 방안』(정책연구 2020-67). 경기연구원.

한국학중앙연구원. 디지털 인문학이란 무엇인가?. http://digerati.aks.ac.kr/paper/I2DH/I2DH0101.pdf

Bi, M.(2024). Narrative brand design in the field of emotional consumption. *Highlights in art and design*, 6(3), 22-25.

Dilthey, W.(1986). *Pädagogik: Geschichte und Grundlinien des Systems*. Vandenhoeck & Ruprecht. 손승남 옮김(2009). 『지식을만드는지식』. 서울: 커뮤니케이션북스.

Park, S. W., & Kim, S. K.(2023). The exploration of speculative design and materiality in humanities discourse. *Archives of design research*, 36(4), pp.1-15.

Sahlgren, O.(2024). Action-guidance and AI ethics: The case of fair machine learning. *AI and ethics*, 9(1), pp.1-15.

Shneiderman, B.(2022). *Human-centered AI*. Oxford University Press.

02
디자인의 본질과 인문학적 접근

이 책이 제시하는 디자인의 본질과 인문학적 접근은 인문학적 통찰을 바탕으로 창의성, 사회적 책임, 혁신적 디자인을 구현하는 방법론이다. 디자이너는 인간 경험과 문화적 맥락을 해석해 감성적 창의성과 사회적 가치를 추구하며, 전통과 현대의 가치를 융합한 디자인 솔루션을 창출해야 한다. 이 접근법은 인문학적 사고와 사회적 영향, 창의적 혁신을 결합해 기술적 분석과 문제 해결로 디자인의 본질을 재정의하고 혁신적 가능성을 모색한다.

인문학적 사고와 창의력

인문학적 사고는 인간의 역사, 문화, 철학, 문학 등 다양한 인문학 영역에서 얻은 깊은 통찰을 바탕으로, 인간 중심의 가치와 경험을 반영해 문제를 인식하고 해결하려는 사고방식이라고 할 수 있다. 이러한 사고방식은 디자이너뿐만 아니라 여러 분야에서 폭넓게 활용되지만, 특히 디자인 분야에서는 사용자 감정과 정서적 경험을 중시하는 감성 디자인 요소를 구현하는 경우가 많다(루징이 · 정정호, 2024).

프란츠 카프카의 문학은 인간 내면의 불안, 정체성 위기, 그리고 사회적 소외라는 주제를 강렬하게 드러낸다. 『변신』에서 주인공 그레고르는 어느 날 갑자기 거대한 곤충으로 변함으로써 자신의 정체성을 상실하고 내면의 불안에 휩싸이는 모습을 상징적으로 표현한다. 카프카의 작품은 독자마다 다양한 해석이 가능할 정도로 복합적인데, 『변신』 역시 주인공이 초기에는 변신에 놀라고, 점차 자신의 흉측한 모습에 혐오감을 느끼며, 결국 가족의 무관심과 조롱 속에 고립되어 가는 과정을 통해 인간 본연의 불안정성과 자기 인식의 붕괴, 그리고 정서적 소외를 적나라하게 드러낸다.

이와 같은 카프카적 테마는 디자인 분야에서도 문학

적 영감의 원천으로 작용한다. 예를 들어, 스티븐 소더버그 감독의 2005년 영화 〈카프카(Kafka)〉 포스터 디자인은 카프카 작품에 내재한 어둡고 모호한 감정, 인간 내면의 불안과 모순을 시각적으로 구현한 대표적 사례로 주목받는다. 이 포스터는 카프카 특유의 부조리한 세계관과 내면의 갈등을 색채, 구도, 타이포그래피 등 다양한 시각적 요소로 효과적으로 표현해 문학적 영감이 디자인 창의력으로 전환될 수 있음을 보여 준다.

이러한 접근은 디자인에서 창의적 문제 해결을 촉진하고, 사회적 · 생태적 긴장을 해결하는 데 중요한 역할을 한다. 즉, 인간 중심의 사고를 통해 감성적이고 깊이 있는 디자인을 만들어 내는 것은 중요하다(Auernhammer, et al., 2022). 디자인은 단순히 기능적인 문제를 해결하는 데 그치지 않고, 사용자 경험과 감정을 깊이 이해하고 반영하는 과정이어야 한다.

이처럼 인문학적 통찰은 디자인의 본질과 창의력에 영향을 미친다. 디자이너들은 인문학적 사고를 통해 인간의 역사, 문화, 철학, 문학 등에서 얻은 깊은 통찰을 바탕으로 단순한 미적 표현을 넘어 사용자 감정과 정서적 경험을 중시하는 감성 디자인 요소를 구현할 수 있다. 또한, 이러한 인문학적 탐구는 단편적인 정보에 머무르지 않고 다양한 분야의 지식을 융합할 수 있는 능력을 길러 준다. 이는 디자인이 사회적 · 문화적 맥락을 깊이 이해하고, 사람들의 진정한 필요를 반영할 수 있도록 도와주는 중요한 요소가 된다.

디자인의 가치와 사회적 영향

디자인은 단순한 시각적 아름다움이나 기능적 요소 전달을 넘어, 그 내포된 문화적 의미와 사회적 책임을 통해 사용자와 공동체의 삶에 깊은 영향을 미친다. 이러한 디자인은 인간 중심의 가치와 떼려야 뗄 수 없는 관계에 있으며, 이는 인문학적 통찰-즉, 인간의 역사, 문화, 철학, 문학 등에서 축적된 깊은 지식과 통찰을 바탕으로 문제를 인식하고 해결하려는 접근-과 인본주의적 가치가 자연스럽게 스며들어 있음을 보여 준다. 디자인의 사회적 · 환경적 가치 또한 이러한 접근에서 비롯된다. 디자인은 단순히 제품이나 서비스를 창출하는 것에 그치지 않고, 그 과정에서 사회와 환경에 미치는 영향을 고려하며 지속 가능한 변화를 이끌어 내는 중요한 역할을 한다. 따라서 디자인은 그 자체로 인간의 삶의 질을 향상시키고, 공동체의 미래를 위한 책임감을 내포하고 있는 것이다(Bailey, et al., 2021).

도널드 노먼(Norman, 2004)은 감성 디자인이 단순한 미적 요소를 넘어 사용자 정서에 깊은 영향을 미친다고 주장한다. 여기서 감성 디자인은 '보기 좋은' 것을 넘어서 '느낄 수 있는' 경험을 창조하며, 본능적 반응과 사용경험, 반성적 사고를 모두 포괄하는 이 접근은 사용자 중심 디자인을 실현하고 사용자 경험의 질을 결정짓는 중요한 요소다. 그의 저서 『Emotional design: Why we love (or hate) everyday things[감정 디자인: 우리가 일상의 것들을 사랑하는 (또는 미워하는) 이유]』에서는 감성 디자인이 제품이나 서비스와 관련된 세 가지 경험 차원—본능적 반응(visceral), 사용 과정에서의 경험(behavioral), 반성적 사고 및 의미 부여(reflective)—을 통해 사용자에게 깊이 있는 경험을 제공한다고 설명한다. 특히 의미 부여 차원에서는 사용자가 제품이나 서비스를 통해 자신의 정체성과 가치를 재확인할 수 있도록 돕는다고 강조한다. 이와 같이 그의 주장은 디자인이 단순한 시각적 아름다움을 넘어 사용자가 실제로 느끼고 경험할 수 있는 감성적 가치를 창출해야 한다는 점을 명확히 시사한다. 이러한 접근은 애플(Apple)의 디자인 철학에서 잘 드러난다. 애플은 제품 디자인에서 직관적인 사용성과 세련된 아름다움을 동시에 추구하며, 사용자가 제품을 통해 자신감을 느끼고 개인적인 만족감을 얻을 수 있도록 돕는다.

예를 들어, 아이폰(iPhone)과 같은 애플의 제품은 심플하면서도 고급스러운 외관을 자랑하며, 사용자 인터페이스(UI)는 매우 직관적이다. 이와 같은 디자인은 사용자가 기기를 사용할 때 편리함을 느끼며, 동시에 제품을 통해 혁신적이고 높은 품질의 경험을 얻고 있다는 감정을 제공한다. 또한, 애플은 환경 친화적인 재료 사용과 지속 가능한 생산 방식을 추구하며 소비자에게 기술을 통해 사회적 변화를 이끌어 낼 수 있다는 메시지를 전달하고 있다(Sorrel, 2024). 애플의 디자인은 단순히 기능적 요구를 충족시키는 것에 그치지 않으며, 사용자가 제품을 통해 감성적 가치를 재발견하고 이를 통해 더욱 의미 있는 경험을 얻을 수 있도록 한다. 비슷한 사례로 스웨덴의 대표적인 가구 브랜드인 이케아(IKEA)를 들 수 있다. 이케아는 스칸디나비아 디자인 철학을 바탕으로 실용적이면서도 심플한 제품들을 선보이며 소비자에게 심리적 안정과 환경 친화적인 라이프 스타일을 제안한다. 이 브랜드는 합리적인 가격 정책, 지속 가능한 소재 사용, 그리고 재활용 프로그램 등을 통해 소비자들에게 긍정적인 영향을 미친다. 이케아의 디자인은 단순히 외형적 아름다움에 그치지 않고 사용자가 제품을 통해 자신이 속한 사회와 환경에 긍정적인 변화를 경험할 수 있도록 돕는다. 결국, 이케아는 문화적 정체성 형성과 사회적 문제 해결에 기여하는 혁신적 솔루션을 제시하며, 이를 통해 더 나은 세상을 만들어 가는 데 일조한다. 이와 비슷하게, 파타고니아(Patagonia)는 환경 보호와 지속 가능성을 중심으로 한 디자인 철학을 통해 큰 영향을 끼친 브랜드이다. 파타고니아는 고품질의 아웃도어 의류를 제공하면서도 환경에 미치는 영향을 최소화하는 방안을 지속적으로 모색해 왔다. 리사이클링 소재를 사용하고, 제품의 수명을 늘리기 위해 수선 서비스를 제공하며, 재활용을 촉진하는 캠페인을 벌이는 등 환경 친화적인 방법을 실천하고 있다. 또한, 파타고니아는 소비자들에게 환경 보호와 사회적 책임을 다하자는 메시지를 전달하고, 이를 통해 고객들이 자신의 구매가 환경에 미치는 긍정적인 영향을 실감할 수 있도록 한다. 파타고니아는 제품을 넘어 브랜드 자체가 지속 가능한 미래를 향한 긍정적인 변화를 촉진하는 힘을 가진 혁신적인 브랜드로 자리 잡았다.

이러한 파타고니아의 지속 가능한 경영 철학은 창립자 이본 쉬나드(Yvon Chouinard)의 경영 철학에 뿌리를 두고 있다. 그의 자서전 『Let my people go surfing(파도가 칠 때는 서핑을)』에서 파타고니아의 설립과 지속 가능성에 대한 비전을 상세히 다룬다(민지혜, 2020).

이처럼 디자인이 사회 구성원의 삶에 미치는 영향은 단순한 시각적 요소를 넘어 인문학적 통찰과 인본주의적 가치가 결합된 결과물임을 알 수 있다. 이러한 접근은 제품과 서비스가 사용자 경험을 풍부하게 하고, 나아가 공공의 이익과 문화적 발전에 기여하는 데 결정적인 역할을 수행한다.

디자인 혁신을 이끄는 인문학적 접근

디자인 혁신을 이끄는 인문학적 접근은 기존의 디자인 방법론을 넘어, 사회·문화적 맥락과 윤리적 가치에 기반한 새로운 디자인 패러다임을 모색하는 것이다. 이는 디자이너가 문제 해결에 그치는 것이 아니라 인간의 본질적 요구와 사회적 관계를 깊이 성찰하는 과정을 포함한다. 예를 들어, 인문학적 통찰을 통해 디자이너는 문화적 전통과 현대적 요구 사이의 간극을 재해석하고, 이를 바탕으로 지속 가능하며 공감대를 형성하는 디자인 솔루션을 도출할 수 있다.

이러한 인문학적 접근은 디자이너가 단편적인 기술

분석이나 기능적 개선에 머무르지 않고, 사용자의 삶과 공동체, 나아가 사회 전체에 긍정적인 영향을 미칠 수 있는 디자인을 창출하도록 유도한다. 디지털 혁신과 정보화 시대에 인문학적 가치는 기술적 진보와 결합되어 인간 중심의 인터페이스, 사용자 맞춤형 서비스, 지속 가능한 디자인 전략을 실현하는 데 중요한 역할을 한다.

더불어, 디자인의 윤리적 책임과 사회적 영향력을 강화하는 데 기여하며, 디자이너는 사회적 소외나 문화적 불평등 문제를 재조명하고 이를 해결하기 위한 참여적 디자인 방법론을 디자인 싱킹(design thinking) 기반으로 개발할 수 있다. 예를 들어, 2007년 미국 스탠퍼드 대학에서 '극단의 적정 비용을 위한 디자인' 강의를 듣던 라훌 패니커는 미숙아 사망의 주요 원인인 저체온증 문제에 주목하며, 필수 부품만을 활용한 체온 유지 인큐베이터 제작 아이디어를 동료들에게 제안했다. 2008년, 그와 동료들은 인도 기반 사회적 기업 임브레이스를 창업하고 인펀트 워머 개발에 본격 착수해 경제적이면서도 휴대성이 뛰어난 '임브레이스 인펀트 워머'를 탄생시켰다.

이 제품은 37도의 온도를 4시간 유지할 수 있는 웜팩(약 1.3kg), 아이를 안전하게 감싸는 베이비랩(약 300g), 그리고 전기나 온수를 통해 온도를 조절하는 어큐템프

히터(약 2.5kg)의 세 가지 핵심 구성 요소로 이루어져 있으며, 기존 인큐베이터 대비 현격한 비용 절감과 1.6kg의 경량 디자인으로 산모와 미숙아 모두에게 높은 접근성을 제공한다. 초기 파일럿 프로젝트를 통해 3000여 명의 미숙아에게 공급된 후, 글로벌 파트너십과 각종 인증, 수상 경력을 바탕으로 전 세계로 확산되었다.

이러한 사례는 인문학적 접근이 디자인의 본질을 재정립하고 사회적 · 문화적 변화를 이끌어 내는 원동력이 될 수 있음을 보여 준다. 디자인 연구는 이제 '사용자 중심' 접근을 넘어 객체와 사용자 간의 상호 작용을 다층적인 의미를 형성하는 과정으로 확장되어야 한다. 디자인은 단순히 기능적 요구를 충족하는 도구가 아니라 인간과 환경, 사회와 문화를 연결하는 중요한 매개체로 작용한다.

참고문헌

루징이 · 정정호(2024). 서비스형 버추얼 휴먼의 감성적 디자인 분석 및 UX평가. ≪한국디자인리서치≫, 9권 2호, 440-456쪽.

민지혜(2020.4.22). 미국 환경운동가의 정신적 지주, 파타고니아 창립자의 경영철학은. 한국경제. https://www.hankyung.com/article/202004226964i?utm_source=chatgpt.com

Auernhammer, J., et al.(2022). A humanistic and creative philosophy of design. In *A human-centered approach to design* (pp.1-16). Springer.

Bailey, J., et al.(2021). Environmental and social value of design (Design Economy 2021: Paper 1). Design Council. https://www.designcouncil.org.uk/resources/report/environmental-and-social-value-design

Darma Putra, I. E.(2023). Humanistic thought in music arts education. *Ekspresi seni: Jurnal ilmu pengetahuan dan karya seni*, 25(1), pp.63-72.

Norman, D. A.(2004). *Emotional design: Why we love (or hate) everyday things*. New York, NY: Basic Books.

Sorrel, C.(2024, July 18). What makes Apple's designs so inevitable, so copiable?. *Lifewire*. Retrieved from https://www.lifewire.com/what-makes-apples-designs-so-inevitable-so-copiable-8679825

03
인공지능의 이해와 디자인에서의 역할

인공지능(AI)은 디자인 프로세스를 개선하고, 효율성을 높이며 창의성을 증진시킨다. AI는 반복 작업을 자동화하고, 데이터 분석을 통해 사용자 맞춤형 디자인을 제공한다.
제너레이티브 디자인과 같은 AI 기반 기술은 디자이너가 혁신적인 솔루션을 빠르게 도출할 수 있도록 돕는다. 이 장에서는 AI가 디자인에 미치는 영향과 그 역할을 살펴본다.

인공지능의 기본 원리와 작동 방식

인공지능(AI)은 기계가 인간처럼 사고하고 학습하는 기술을 의미하며, 다양한 알고리즘과 모델을 사용해 문제를 해결하거나 예측을 수행하는 시스템이다. AI 기술의 기초는 데이터 처리, 알고리즘 학습, 패턴 인식에 있다. 일반적으로 AI 시스템은 세 가지 주요 기술인 머신러닝(machine learning), 딥러닝(deep learning), 자연어 처리(natural language processing, NLP)로 분류된다.

머신러닝은 알고리즘을 사용해 데이터를 분석하고 학습하는 방식으로, 이 방식은 데이터를 바탕으로 예측을 하거나 의사 결정을 내리는 데 사용된다. 예를 들어, 이미지 인식, 이메일 스팸 필터링, 추천 시스템 등이 머신러닝을 기반으로 작동한다(Goodfellow, et al., 2016).

딥러닝은 신경망(neural networks)을 사용한 머신러닝의 한 분야로, 데이터의 비선형 관계를 학습해 예측의 정확도를 높인다. 딥러닝은 특히 이미지, 음성, 텍스트 데이터의 분석에 뛰어난 성능을 보인다. 예를 들어, 자율 주행차의 비전 시스템은 딥러닝을 활용해 도로 위의 장애물, 보행자, 신호 등을 인식한다(LeCun, et al., 2015).

자연어 처리는 텍스트와 음성의 의미를 이해하고 처리하는 기술로, 주로 텍스트 분석, 음성 인식, 번역, 요약, 감정 분석 등 다양한 분야에 활용된다. 자연어 처리는 특히 자연어 이해와 자연어 생성의 두 가지 주요 작업을 통해 텍스트를 분석해 중요한 정보를 추출하고, 이를 기반으로 사용자가 원하는 응답을 생성한다. 트랜스포머(transformer) 모델과 같은 혁신적인 아키텍처는 자연어 처리 분야에서 중요한 진전을 이루었으며, 셀프 어텐션(Self-attention) 메커니즘을 통해 성능을 크게 향상시켰다. 특히 기계 번역, 텍스트 요약, 언어 모델링뿐만 아니라 챗봇, 문서 분석 등 다양한 응용 분야에서 뛰어난 성과를 보이고 있다. 최근에는 지피티(GPT) 시리즈와 같은 대형 언어 모델들이 등장해 자연어 처리의 정확도와 처리 속도를 크게 개선했으며, 구글의 번역 시스템이나 음성 인식 시스템에서 그 성능이 입증되었다(Vaswani, et al., 2017). 이러한 기술들은 텍스트와 음성의 복잡한 관계를 효과적으로 모델링하고, 실시간으로 빠르고 정확한 결과를 도출하는 데 중요한 역할을 한다.

2025년, 자연어 처리 기술은 더욱 혁신적인 발전을 이루어 다양한 분야에서 활용되고 있다. 멀티모달 AI 모델은 텍스트, 이미지, 음성 등 다양한 데이터를 통합해 처리하는 기술로 주목받고 있으며, 이를 통해 더 풍부하고 정확한 결과를 도출하고 있다. 예를 들어, 오픈에이아이

(OpenAI)의 GPT-4 with vision(GPT-4V)는 사용자가 제공하는 이미지 입력을 분석하도록 지피티-4(GPT-4)에게 지시할 수 있게 해 주는 기능이다. 멀티모달 시스템을 통해 언어만으로 해결할 수 없었던 새로운 작업들을 처리할 수 있게 해 준다. 다양한 입력을 동시에 처리하는 능력을 통해 자연어 처리 기술의 한계를 넘어서는 새로운 가능성을 열고 있다(OpenAI, 2025).

생성형 AI는 텍스트, 이미지, 음악 등 다양한 콘텐츠를 생성하는 데 활용되고 있으며, 지피티 시리즈와 같은 대형 언어 모델은 자연스러운 언어 생성 능력을 통해 콘텐츠 제작, 번역, 요약 등에서 뛰어난 성과를 보이고 있다. 이러한 기술들은 의료, 법률, 교육 등 다양한 산업 분야에서 활용되며 실시간 정보 제공 및 문제 해결을 돕고 있다. AI 에이전트는 반복적인 업무를 자동화하는 데 그치지 않고, 더 복잡하고 전문적인 작업까지 수행하며 조직의 업무 환경과 프로세스를 근본적으로 변화시키고 있다. 이들은 메모리, 추론, 멀티모달 기술의 발전을 통해 더욱 정교하게 작업을 처리할 수 있으며, 비즈니스 효율성을 크게 향상시킨다. 또한, AI의 발전과 함께 윤리적 사용과 지속 가능성에 대한 논의도 활발해지고 있다(GS Caltex Media Hub, 2025).

AI의 사회적 영향력이 커짐에 따라, 기술의 윤리적 사용과 환경적 지속 가능성에 대한 탐구가 중요한 과제가 되었으며, 이는 현재의 주요 논의 사항으로 부각되고 있다. 이러한 변화들은 AI가 우리의 일상생활과 사회에 미치는 영향을 더욱 심화시키고 있으며, 지속적인 발전과 조화를 이룰 수 있는 방향으로 나아가고 있다.

AI가 디자인에 미치는 영향

AI는 디자인 프로세스의 효율성을 높이고 창의성을 보완하는 데 중요한 역할을 한다. 디자이너들은 AI를 활용해 반복적인 작업을 자동화하거나 데이터 기반의 인사이트를 제공받아 더 나은 디자인 결정을 내릴 수 있다. 생성형 AI와 자연어 처리 기술은 디자인의 초기 아이디어 생성과 시각화 과정에서 중요한 지원을 한다. 예를 들어, 지피티-4와 같은 모델은 텍스트 기반으로 디자인 아이디어를 제시하거나 고객의 요구 사항을 분석해 맞춤형 디자인을 생성할 수 있다. 또한, 지피티-4V와 같은 멀티모달 AI 모델은 이미지와 텍스트를 동시에 처리해 보다 풍부하고 정확한 디자인 결과물을 도출할 수 있다. 이미지 생성 및 디자인 도구 통합 측면에서 딥러닝을 활용한 이미지 생성 기술은 디자이너가 원하는 스타일이나 테마에 맞는 이미지를 빠르게 생성할 수 있도록 지원한다. 달리(DALL · E)와 같은 모델은 텍스트 설명을 바탕으로 이미지를 창출하며, 이는 디자이너들이 시간을 절약하고 창의적인 작업에 집중할 수 있게 돕는다. 또한, 피그마와 같은 디자인 도구는 AI를 통합해, 사용자가 일관된 디자인을 신속하게 생성할 수 있도록 한다. AI 기반 기능은 텍스트 스타일, 색상 팔레트, 컴포넌트의 일관성을 자동으로 체크하고 추천한다.

AI와 빅 데이터 분석 기술은 디자인을 점점 더 사용자 맞춤형으로 발전시키고 있다. 예를 들어, 패션 산업에서는 AI를 활용한 소비자 데이터 분석을 통해 개인화된 추천 시스템을 제공하고, 이는 디자인 프로세스에서 소비자의 취향을 반영하는 중요한 역할을 한다. AI는 데이터를 기반으로 고객의 행동을 예측해 디자인을 맞춤화하는 데 중요한 역할을 할 수 있다(박신희, 2024).

AI와 디자이너의 협력 측면에서 제너레이티브 디자인은 AI가 디자인 프로세스를 혁신하는 중요한 예시로 주목받고 있다. 이 과정은 알고리즘 디자인, 자동화된 디자인 프로세스, 최적화로 요약될 수 있다. 알고리즘 디자인은 디자인 문제를 해결하기 위한 규칙과 절차를 정의하고, 자동화된 프로세스는 컴퓨터가 다양한 디자인

옵션을 생성한다. 마지막으로 최적화는 그중에서 가장 적합한 솔루션을 선택하는 과정이다. 이 방법론은 디자이너의 창의성을 증진시키고 디자인 프로세스의 효율성을 극대화하는 데 큰 기여를 한다. 일례로, 오토데스크(Autodesk)의 제너레이티브 디자인 플랫폼은 사용자가 설정한 요구 사항과 제약 조건을 바탕으로 AI가 여러 가지 디자인 솔루션을 자동으로 생성한다(Sanderson, 2020). 이 기술은 디자이너로 하여금 AI가 제시한 다양한 대안 중에서 가장 적합한 디자인을 선택할 수 있게 하며, 산업 디자인, 건축 설계, 항공 우주 산업 등에서 효율적이고 혁신적인 제품 설계에 활용된다.

AI와 창의성

AI는 디자인 창의성에 중요한 영향을 미치며, 인간의 창의성을 보완하는 역할을 한다. 디자인에서 창의성은 단순히 새로운 아이디어나 형태를 만들어 내는 것뿐만 아니라 문제를 해결하고 사회적 맥락에서 의미를 찾는 과정이다. AI는 이러한 창의적인 작업을 지원하며, 디자이너가 새로운 영감을 얻고 더 넓은 시각을 가질 수 있도록 돕는다. AI와 인간 창의성이 결합될 때, 인간의 고유한 창의적 요소와 AI의 분석적이고 확장된 능력이 결합되어 그 잠재력이 극대화된다. 이러한 협업은 디자인 분야에서 포용적이고 다채로운 창작을 가능하게 한다.

이와 같은 협업의 구체적인 예시로는 몇 가지 시나리오를 살펴볼 수 있다. 우선, 'Co-Cre-AI-tion' 시나리오가 있다. 이 시나리오는 인간과 AI가 평등하게 협력하며, 그 결과 창의적인 기여가 상호 보완적으로 융합되어 새로운 형태의 창작물이 탄생한다. 이러한 협업은 디자이너가 기술적 제약을 넘어 혁신적이고 독창적인 결과물을 도출할 수 있는 가능성을 열어 준다(Peng, et al., 2023).

'Co-Cre-AI-tion' 시나리오는 AI와 인간의 상호 보완적 역할을 강조하며, 각각의 고유한 능력을 극대화하는 방식으로 미래의 창작 환경을 제시한다. 이는 기술과 인간의 창의력이 결합해 보다 혁신적인 디자인을 만들어 내는 새로운 패러다임을 제시한다는 점에서 중요한 의미를 가진다.

'Organic' 시나리오는 인간의 전통적인 창의성, 즉 사람만의 순수한 창의적 작업이 여전히 가치 있게 여겨지고, AI 없이 창작된 작업이 더 높은 품질과 독특성을 가지며 경쟁력을 갖추게 될 것이라는 예상이다. 이 시나리오는 AI가 인간의 창의성을 보조하는 역할을 하며, 인간의 고유한 창의적 사고가 여전히 중요한 사회적 환경을 강조한다. 인간만의 창의적 사고가 담긴 작품은 더욱 개인적이고 고유한 감각을 반영할 수 있기 때문에 AI와는 다른, 독특한 가치를 지닌다고 볼 수 있다.

'Plagiarism 3.0' 시나리오는 AI가 기존의 작품을 바탕으로 새로운 콘텐츠를 생성하면서 발생할 수 있는 표절 문제와 지적 재산권에 대한 논의를 다룬다. AI 생성 콘텐츠가 출처를 명확히 표시하지 않고 사용될 수 있는 위험을 경고하며, 이로 인해 지적 재산권과 관련된 법적 문제들이 발생할 가능성이 있다는 점을 강조한다(Seramour, 2022). 이는 창작물의 원저작자에 대한 권리와 책임을 명확히 규명하는 중요한 논점이 된다.

'Shut down' 시나리오는 AI가 너무 많은 창작을 대신하게 되면 인간의 창의적 동기와 작업에 대한 의욕이 상실될 수 있다는 부정적인 결과를 우려한다. 이러한 상황은 창의적 작업에서 인간의 역할을 축소시킬 위험이 존재한다. AI가 지나치게 강조될 경우 인간의 창의적 자원과 잠재력은 희생될 수 있으며, 창의적 산업에서 인간의 자율성과 고유성이 감소할 가능성도 제기된다(Wang, 2019).

이러한 시나리오는 AI와 인간의 창의성 사이의 상호작용에 대한 중요한 질문을 던지며, 이들 간의 균형을 어떻게 맞추어야 하는지에 대한 심도 깊은 논의가 필요함을 시사한다. AI가 인간 창의성의 도구로 활용될 때 그 잠재력은 극대화될 수 있지만, 지나치게 의존하거나 불투명한 사용은 창작 환경에 부정적인 영향을 미칠 수 있다는 점을 항상 인식해야 한다.

이와 같은 시나리오에서 AI는 디자인 창의성의 중요한 도구로서, 인간의 창의적 작업을 보완하며 그 가능성을 확장시킨다. 일례로, 구글의 AI 시스템 딥드림 제너레이터(DeepDream Generator)는 이미지 분석을 통해 예술적 스타일을 추출하고, 이를 바탕으로 새로운 시각적 아이디어를 생성한다. 이 시스템은 기존의 사진이나 그림을 분석하고, 그 안에서 독특한 패턴을 찾아 창의적인 변형을 만들어 낸다. 디자이너는 이를 통해 기존의 작업에서 벗어나 새로운 가능성을 탐구할 수 있다. 즉, AI는 디자이너가 상상할 수 있는 범위를 넓혀 주는 도구로 작용한다.

또한, AI와 협업을 통한 창의성 증대는 인간과 기계의 협력으로 이루어진다. 예를 들어, 런웨이엠엘(Runway ML)과 같은 AI 도구는 디자이너들이 AI와 협력해 비디오, 이미지, 텍스트 등의 콘텐츠를 실시간으로 생성하고 수정할 수 있도록 돕는다. 이러한 도구들은 디자이너가 예술적 창의성을 발휘하는 데 필요한 시간을 절약하면서, AI는 반복적인 작업을 처리해 디자이너가 더 창의적인 부분에 집중할 수 있도록 지원한다.

AI는 또한 감성적 창의성에도 중요한 기여를 한다. AI는 감정을 인식하고 이를 디자인 요소에 반영할 수 있다. 예를 들어, 감성 분석을 기반으로 한 AI 디자인은 소비자의 감정에 반응해 디자인을 맞춤화할 수 있다. 감성 분석은 고객 경험을 개선하고 개인화된 경험을 제공하는 중요한 도구로 활용된다. 이 과정에서 AI와 자연어 처리 기술을 활용해 고객의 감정을 실시간으로 분석하고, 이를 통해 긍정적 · 부정적 감정 패턴을 파악한다. 감성 분석의 주요 목표는 고객의 감정 변화를 추적하고, 이를 통해 비즈니스 전략을 개선하는 데 있다. 예를 들어, 아이비엠(IBM)의 왓슨(Watson)은 감성 분석을 통해 소비자의 반응을 예측하고, 이를 기반으로 개인화된 광고 콘텐츠를 생성하는 데 사용된다. 이러한 기술은 고객 피드백을 수집하고 분석해 고객 만족도를 향상시키고, 고객 이탈을 최소화하며, 제품 개발을 개선하는 데 기여한다(IBM, 2017; Unmetric, 2020).

참고문헌

박신희(2023). 『AI 디자인, 개념과 과제』. 커뮤니케이션북스.

GS Caltex Media Hub.(2025). Ethical use of AI: Challenges and sustainability. GS Caltex Media Hub. https://www.gscaltexmediahub.com/

Heaton, J.(2018). Review of deep learning by Ian Goodfellow, Yoshua Bengio, and Aaron Courville. *Genetic programming and evolvable machines*, 19, pp.305-307.

IBM.(2023). Watson for marketing: Personalizing customer experiences with AI. https://www.ibm.com/kr-ko/think/insights/how-can-sentiment-analysis-be-used-to-improve-customer-experience

LeCun, Y., et al.(2015). Deep learning. *Nature*, 521(7553), pp.436-444.

OpenAI.(2023). GPT-4V(ision) System card. https://openai.com/

Sanderson, S.(2020). *AI in design: How artificial intelligence is revolutionizing the creative industries*. Routledge.

Vaswani, A., et al.(2017). Attention is all you need. Proceedings of NeurIPS 2017. https://arxiv.org/abs/1706.03762

Vinchon, F., et al.(2023). Artificial intelligence & creativity: A manifesto for collaboration. *The journal of creative behavior*, 57(4), pp.472-484.

04
인문학적 감수성과 디자인의 융합

인문학적 감수성은 디자인 과정에서 인간 중심적인 가치를 강조하며, 문화적 맥락과 윤리적 책임을 고려한 창의적이고 혁신적인 솔루션을 도출하는 데 핵심적인 역할을 한다. 특히, 인본주의적 감수성은 인간의 존엄성과 자유, 권리를 존중하는 태도를 바탕으로, 이러한 디자인이 사용자의 감정과 사회적 요구를 충족시키는 방향으로 나아가도록 돕는다. 이 접근은 기술 발전과 함께 디자인의 방향을 정의하며, 더욱 인간 중심적이고 사회적 책임을 다하는 디자인을 가능하게 한다.

인문학적 감수성과 인본주의적 감수성

인문학적 감수성은 인간의 역사, 문화, 철학 등에서 얻어진 깊은 통찰을 바탕으로, 인간 중심적인 가치를 반영해 디자인 과정에 접목하는 사고방식이다. 즉, 인문학은 인간을 중심으로 한 학문 분야로, 인간 존재와 그 문화를 깊이 이해하려는 노력을 기울인다. 인문학적 맥락에서의 인본주의적 감수성은 윤리 및 성격 형성, 도덕적 판단 미세 조정, 공유 감성 함양(sensus communis)을 강조한다. 이는 마르타 누스바움(Martha Nussbaum)과 같은 사상가들이 현대 교육 트렌드에 대한 비평에서 강조한 바와 같이, 이러한 감수성은 타인의 경험을 이해하고 공감하는 능력을 길러 주며 궁극적으로 개인과 사회의 인간화에 기여한다(Dallmayr, 2013).

같은 맥락으로, 디자인에서 인문학적 감수성 또한 단순한 미적 요소나 기능적 효율성만을 고려하는 것이 아니라 사용자 경험, 감정, 문화적 맥락을 반영해 사회적·윤리적 책임을 다하는 디자인을 창출하는 데 중요한 역할을 한다. 인본주의적 가치에 기반한 이 감수성은 인간의 본질적인 요구와 사회적 요구를 동시에 충족할 수 있는 디자인 솔루션을 도출하는 데 기여한다. 디자인 과정에서 이러한 감수성을 반영하면 디자이너는 윤리적이고 사회적 책임을 다하는 작품을 창출하게 되며, 이는 궁극적으로 인간의 존엄성을 존중하고 더 나아가 사회적 불평등이나 환경 문제에 영향을 미칠 수 있다. 이러한 접근은 단순히 기술적 혁신을 추구하는 것이 아니라, 인간 중심의 디자인을 통해 기술이 사회에 미치는 영향을 깊이 성찰하고, 그 결과가 인간의 삶과 환경에 긍정적인 변화를 가져올 수 있도록 하는 중요한 역할을 한다. 즉, 디자인이 기술적 효율성과 기능성만을 넘어서 인간의 경험과 감정을 반영하고 사회적 책임을 다하는 방식으로 전개될 때, 비로소 진정한 혁신이 이루어진다. 이 과정에서 디자인은 단지 제품이나 서비스를 넘어 사회적 · 문화적 가치를 담아내는 중요한 매개체로 기능할 것이다.

문화적 배경과 디자인의 연관성

디자인에서 문화적 배경을 고려하는 것은 매우 중요하다. 문화적 배경은 사용자의 가치관, 행동, 태도, 생활 방식을 반영하기 때문에 이를 반영한 디자인은 사용자와의 소통을 가능하게 하고, 제품이나 서비스의 성공 가능성을 높인다. 글로벌 시장을 목표로 하는 디자인은 다양한 문화적 특성을 반영해야 한다. 다문화 사회에서 디자인이 사용자들의 문화적 배경을 고려하지 않으면 반감을 사거나 시장에서 실패할 위험이 높기 때문이다.

The Strategy Institute(2024.9.20)에 따르면, 스타벅스는 다국적 전략을 통해 각국의 문화에 맞춘 제품과 마케팅을 적용하면서도 글로벌 브랜드의 일관성을 유지하고 있다. 각국의 문화와 소비자 선호를 반영한 현지화된 메뉴, 마케팅, 매장 디자인을 통해 글로벌 브랜드 이미지를 유지한다. 이를 통해 각 시장을 독립적인 경쟁 무대로 보고, 현지화된 요소를 강조하면서도 일관된 브랜드 경험을 제공한다. 이 전략은 스타벅스가 다양한 국가에서 성공적으로 확장할 수 있게 해 준 핵심 요소로, 지역적 특성을 반영한 메뉴와 매장 디자인을 통해 현지 소비자와의 깊은 유대감을 형성한 성공적인 사례다.

이와 관련해 스타벅스는 자회사 운영, 합작 투자, 라이센싱 등을 통해 각국 시장에 전략적으로 진입한다. 예를 들어, 중국 시장에 진입할 때 현지 기업과 합작 투자 모델을 활용하고, 빠른 확장을 위해 라이센싱 방식을 채택했다. 또한, 문화적 민감성과 현지화를 핵심 전략으로 삼아 철저한 시장 조사와 현지 문화 이해를 바탕으로 메뉴와 서비스를 맞춤화했다. 일본에서는 말차 음료를 제공하고, 중국에서는 '간베이' 문화를 반영한 매장 분위기를 조성하는 등 세심한 문화 대응 전략을 보였다.

그러나 이러한 현지화 전략이 항상 성공적인 것은 아니다. 대표적인 사례로, 2007년 7월 14일 스타벅스는 베이징 자금성 내 매장을 철수했다. 2000년 자금성 관리 비용 마련을 위해 입점했으나, 2007년 1월 CCTV 앵커 루이청강이 '중국의 존엄성과 문화 훼손'이라는 비판을 블로그에 게시하며 논란이 확산되었다. 고궁박물관은 매장 이전과 상표 변경을 제안했으나 스타벅스가 거절했다(유강문, 2007.7.16).

이 사건은 중국의 경제 발전이 '민족주의' 경향을 띠기 시작했음을 보여 주는 상징적 사례로, 글로벌 브랜드가 진입 시 문화유산에 대한 배려와 문화적 리터러시를 갖추지 못하면 소비자 정서와 충돌해 브랜드에 위협이 될 수 있음을 보여 준다.

이후 스타벅스는 전략적 파트너십과 공동 소유 매장 방식을 통해 리스크를 분산하고, 빠르게 현지 시장에 안착했다.

글로벌 확장 단계에서 스타벅스는 북미와 유럽을 중심으로 시작해 아시아와 신흥 경제국으로 시장을 확장한다. 특히 인도와 중국에서는 현지화된 훈련 프로그램과 모바일 주문, 배달 서비스로 성공적인 시장 진입을 이끌어 낸다.

스타벅스 커피 하우스의 전략적 인테리어 디자인은 브랜드의 유산과 지역 문화를 결합한 몰입감 있는 경험을 창출한다. 이는 편안함, 효율성, 지속 가능성을 우선시해 고객 경험을 향상시키고, 커피 애호가들을 위한 커뮤니티 중심지로서의 입지를 강화하는 것을 목표로 한다(The Interior Design, n.d.).

일본의 교토에 위치한 매장은 전통적인 일본식 건축 요소와 디자인을 통합해 지역 특색을 살린 일본의 전통적인 목재와 자연 소재로 일본의 전통과 현대적인 스타벅스를 동시에 경험할 수 있게 한다. 중동에서는 기하학적 패턴과 대리석, 금속을 활용해 화려하고 풍부한 분위기를 연출했다. 한국의 스타벅스는 전통 한국 문화를 반영해 지역 특성에 맞는 매장을 디자인했다. 서울의 인사동이나 삼청동에 위치한 매장은 전통 한옥 스타일을 현대적으로 해석한 외관을 가졌다. 한국적인 목재와 자연 소재가 강조된 내부 디자인은 지역 주민과 관광객 모두에게 친숙한 장소로 인식된다. 이러한 현지화 전략은 스타벅스를 글로벌 브랜드로서 더욱 성공적인 사례로 자리매김하게 했다.

이처럼 문화적 배경은 사용자의 가치관, 태도, 행동 및 생활 방식을 반영하므로, 디자인에서 이를 반영하는 것은 사용자와의 소통을 강화하고 제품이나 서비스의 효과성을 높인다. 따라서 글로벌 시장을 목표로 하는 제품 디자인은 각기 다른 문화적 특성을 고려해야 한다. 디자인이 특정 문화적 특성을 고려하지 않을 경우, 고객의 반감을 사거나 시장에서 실패할 수 있다.

윤리적 디자인을 위한 감수성

윤리적 디자인은 사용자의 권리와 사회적 책임을 다하는 디자인으로, 기술의 발전에 따라 더욱 중요한 요소로 대두되고 있다. 연구자, 개발자, 비즈니스 리더, 정책 입안자 등은 윤리적 디자인을 위한 감수성을 높이며, 기술 중심의 인공지능(AI) 범위를 인간 중심 인공지능(HCAI) 사고방식을 포함하도록 확장하고 있다. 알고리즘 중심의 사고에서 벗어나, 사람의 가치와 윤리를 반영하는 디자인을 채택하는 이러한 확장은 기술의 미래를 형성해 인간의 필요와 윤리적 가치를 더욱 잘 충족시킬 수 있도록 한다. 교육자, 디자이너, 소프트웨어 엔지니어, 제품 관리자, 평가자, 정부 기관 직원들은 AI 기반 기술을 활용해 사람들의 삶을 윤리적으로 개선하고 서로 돌볼 수 있도록 돕는 제품과 서비스를 설계할 수 있다.

인간은 항상 도구를 만든 존재였으며, 이제는 그 도구

들이 사람들의 건강, 가족생활, 교육, 비즈니스, 환경 등 다양한 분야에서 윤리적으로 삶을 개선할 수 있도록 발전했다. 기계 학습과 딥러닝 알고리즘의 발전은 새로운 기회뿐만 아니라 그에 따른 윤리적 고민도 일으켰다. AI 시스템의 설계와 운영 과정에서 개인 정보 보호, 공정성, 투명성, 그리고 인간 중심의 접근이 반영되어야 한다. 그러나 HCAI 디자인 및 테스트 전략을 포함해 윤리적 감수성을 기반으로 작업 방법을 발전시키는 AI 연구자, 개발자, 비즈니스 리더, 정책 입안자들에게는 밝은 미래가 기다리고 있다. 이 확장된 비전은 기술의 미래를 윤리적으로 형성해 인간의 필요를 더 잘 충족시킬 수 있도록 한다. 많은 기술 회사들과 사상 리더들이 말했듯, 목표는 사람들을 대체하는 것이 아니라 윤리적 디자인 선택을 통해 사람들이 기술에 대한 통제권을 가질 수 있도록 힘을 실어 주는 것이다.

감수성은 디자이너가 사회적 · 문화적 · 정치적 이슈를 민감하게 인식하고 이를 디자인에 반영하도록 유도하는 중요한 요소로 작용한다. 예를 들어, AI와 데이터 활용에 대한 윤리적 논의는 점차적으로 사용자들의 기대와 사회적 요구를 반영하는 방향으로 나아가고 있다(Shneiderman, 2022). 또한, 제품이나 서비스가 사회적 영향을 미칠 때, 디자인 과정에서 인간의 권리를 존중하고 불평등을 최소화하는 방식으로 접근하는 것이 중요하다. 윤리적 디자인은 사회적 책임을 다하면서도 기술 발전에 따라 보다 나은 방향으로 나아가야 한다.

참고문헌

유강문(2007.7.16). 스타벅스, 베이징 자금성서 철수. 한겨레. https://www.hani.co.kr/arti/international/china/222720.html

Dallmayr, F.(2013). Humanizing humanity: The global significance of the humanities. *Diogenes*, 60(1), pp.27-36.

Shneiderman, B.(2022). *The new ethics of AI and data science*. Oxford University Press.

The Interior Design.(n.d.). Starbucks coffee house. https://theinterior.design/portfolio_post/starbucks-coffee-house/

The Strategy Institute.(2024.9.20). Starbucks international strategy: A case study for global success. https://www.thestrategyinstitute.org/insights/starbucks-international-strategy-a-case-study-for-global-successe

05

AI 시대의 디자인 윤리

AI 기술은 디자인 분야에서 혁신적인 변화를 이끌고 있으며, 특히 사용자 경험(UX) 디자인에 큰 영향을 미치고 있다. AI는 사용자 선호도를 분석하고 예측해 개인화된 서비스 제공을 가능하게 하며, 이를 통해 사용자 인터페이스(UI)의 개선과 더 나은 디자인 솔루션을 창출하는 데 기여한다. 그러나 AI의 빠른 발전은 디자인 과정에서 윤리적 문제를 동반하기 때문에, 기술이 사회와 개인에게 미치는 영향을 고려한 윤리적 접근이 필수적이다.

AI 윤리 교육의 중요성

AI 기술은 빠르게 발전하며 기업의 생산성 증대와 비용 최적화 요구를 충족시키는 동시에, 개인의 일상에 점차 다양하게 적용되고 있다. 예를 들어, AI 기반의 챗봇은 고객 서비스에서 혁신을 일으켰고, 맞춤형 추천 시스템은 온라인 쇼핑의 판매 성과를 개선하는 데 기여하고 있다. 또한, 웨어러블 기기에서 수집된 데이터를 활용해 개인의 건강 상태를 모니터링하고 예방적 조치를 취할 수 있는 AI 시스템이 상용화되고 있다. 그러나 이러한 기술의 확산은 윤리적 문제와 사회적 영향을 동반하고 있어서 공정성과 개인 정보 보호에 관한 논의가 점점 더 중요해지고 있다. 이러한 문제들을 해결하기 위한 AI 윤리 교육은 이제 필수적인 요소로 자리 잡고 있다.

이에 AI와 인문학의 융합은 기술적 발전을 넘어 사회적 책임을 다루는 중요한 변화를 일으킬 수 있다. AI가 사회적 불평등을 강화할 위험이 존재함에 따라, 사회적으로 책임감 있는 AI 설계와 적용이 요구된다. 이를 위해 AI 윤리 교육은 더욱 강화되어야 하며, 미래의 개발자와 전문가들이 기술을 설계하고 사용할 때 그 윤리적 영향을 충분히 이해하도록 해야 한다. 즉, 의료, 보안, 직장 내 모니터링 등 다양한 분야에서 사용되는 AI에 대한 윤리적 문제를 사전에 예방하기 위한 교육적 노력이 필수적이다. 특히, AI가 의료 분야에 활용될 때는 환자의 개인 정보 보호와 동의 문제가 중요한 과제로 떠오른다. AI 알고리즘이 의료 이미지를 판독하고 환자를 진단하는 과정에서 발생할 수 있는 윤리적 문제를 해결하려면 AI 시스템의 공정성, 신뢰성, 그리고 사용자 동의가 필수적이다(Borenstein & Howard, 2020). 또한, 얼굴 인식 기술을 통한 프라이버시 침해와 같은 문제도 사회적 논란을 일으키고 있다. 예를 들어, AI가 얼굴 인식을 통해 사람들을 추적하고 그들의 개인 정보를 수집하는 방식은 많은 우려를 낳고 있다.

이에 대한 해결책으로 AI 윤리 문제를 다루는 여러 시도가 있었다. 기업과 정부, 학계 등 다양한 이해 관계자들이 AI 윤리에 관한 규정을 마련하고 있으며, LG와 텔레포니카(Telefonica)와 같은 기업은 AI 시스템의 공정성, 투명성, 개인 정보 보호를 중요한 윤리적 원칙으로 삼고, 이를 바탕으로 AI 시스템을 개발해 운영하고 있다. LG는 AI 윤리 원칙을 통해 AI 시스템이 인간의 기본 권리를 침해하지 않도록 보장하고 있으며, 텔레포니카는 AI 시스템의 불공정한 결정을 방지하려고 노력하고 있다(LG AI연구원, 2024; Telefonica, 2018).

AI 윤리 교육의 핵심은 개발자들이 자신들이 구축하는 AI 시스템의 윤리적 차원을 이해하고 기술 설계와 배치에서 발생할 수 있는 윤리적 문제들을 해결할 수 있도록 돕는 것이다. 기술이 '가치 중립적'이라고 생각하는 것은, 사실 윤리적 문제들이 기술 설계와 배치의 모든 과정에 본질적으로 내포되어 있다는 사실을 간과하는 것이다. 예를 들어, 성별을 이진(binary) 선택지로 제공하는 데이팅 앱의 경우, AI는 이 설계를 통해 편향된 결과를 초래할 수 있다(Shneiderman, 2020). 따라서 AI 설계자들은 이러한 편향을 방지하기 위해 공정성과 투명성을 고려한 시스템 설계를 해야 하며, 이는 AI 윤리 교육을 통해 이루어질 수 있다.

AI 윤리 교육은 공식적이고 비공식적인 방식 모두에서 이루어져야 하며, 이를 통해 학생들은 기술이 사회에 미치는 영향을 반영하고 윤리적 문제를 해결하는 방법을 배워야 한다. 특히, AI 설계 교육에서는 공정성, 투명성, 개인 정보 보호와 같은 윤리적 기준을 포함해 학생들이 AI의 윤리적 도전에 대해 깊이 이해할 수 있도록 해야 한다(Borenstein & Howard, 2020). 또한, AI 윤리 교육은 단발적인 교육이 아니라 지속적인 교육과 훈련을 통해 이루어져야 하며, 다양한 학문적 접근이 통합되어야 한다. 이와 같은 교육적 접근이 이루어질 때 AI는 공정하고 안전하게 사회에 적용될 수 있을 것이다.

디자인에서의 AI 윤리 원칙

디자인에서 AI를 활용할 때는 윤리적 원칙을 명확하게 정의하고 적용하는 것이 매우 중요하다. AI 기반 디자인 시스템은 인간 중심적 접근을 통해 윤리적 기준을 반영해야 하며, 이를 위해서는 '인간 우선' 사고방식과 사회적 책임을 포함하는 윤리적 디자인이 필요하다. 이러한 원칙은 단순히 기술적인 효율성을 넘어서서 디자인이 사람들에게 실질적인 가치를 제공하고 그들의 권리를 존중하는 방식으로 발전할 수 있도록 돕는다.

AI 디자인의 윤리적 접근은 단순히 기술적 문제에 그치지 않는다. 이는 문화적 · 사회적 · 경제적 맥락을 함께 고려해야 하며, 우리가 디자인하는 시스템이 어떤 영향을 미칠지에 대한 깊은 성찰을 요구한다. 이러한 성찰은 특히 다학제적 접근을 통해 실현될 수 있다. 예를 들어, 인문학적 사고와 기술적 혁신을 융합한 디자인은 AI가 제공하는 가능성을 활용하면서도 인간의 가치를 최우선으로 두는 방향으로 나아갈 수 있다. AI 기술이 제공하는 편리함이나 효율성을 뛰어넘어, 사람들의 삶의 질을 향상시키는 방식으로 기술이 사용되어야 한다는 것이다. 이와 같은 접근이야말로 디자인이 단순히 기능적 도구를 넘어 인간의 경험과 가치를 반영하는 중요한 역할을 할 수 있도록 만든다.

슈나이더만(Shneiderman, 2020)의 연구에 따르면, AI를 디자인에 통합할 때 고려해야 할 중요한 윤리적 원칙으로는 '사용자 보호', '사회적 책임', 그리고 '환경 지속 가능성'이 포함되어야 한다. 구체적으로, AI 시스템은 인간의 권리와 안전을 보호하면서 공정하고 투명하게 운영되어야 하며, 기술의 발전이 사회적 불평등을 악화시키지 않도록 관리되어야 한다. 또한, AI 시스템이 환경에 미치는 영향을 고려해 지속 가능한 방식으로 설계되어야 한다고 강조했다.

이러한 윤리적 원칙은 단순히 기술적 측면에 그치지 않는다. 우리는 디자인에서 기술을 어떻게 적용할 것인가에 대한 더 깊은 철학적 · 사회적 논의가 필요하다. 예를 들어, 사용자 데이터를 수집하고 분석하는 AI 시스템이 설계될 때, 사용자의 개인 정보가 안전하게 처리될 수 있도록 보안 조치가 마련되어야 하며, 해당 데이터가 어떻게 사용될지에 대해 명확한 고지가 필요하다. 또한, AI의 결정 과정이 투명하고 공정하게 이루어져 모든 사용자에게 평등한 경험을 제공하는 것이 중요하다. 이러한 윤리적 원칙을 준수함으로써 AI 디자인이 사회적으로 책임 있는 방식으로 이루어질 수 있다.

결국, AI와 디자인의 융합은 단순히 효율성을 추구하는 것을 넘어, 기술이 인간의 삶에 어떻게 영향을 미칠 것인가에 대한 깊은 고민을 바탕으로 해야 한다. 이는 다학제적 접근을 통해 인문학적 관점과 기술적 관점이 서로 보완하며 디자인의 본질적인 가치를 지켜 나갈 수 있도록 하는 중요한 과정이다.

AI와 인간 디자이너의 협업 윤리

AI는 디자이너와 협력하여 혁신적인 디자인을 창출할 수 있는 뛰어난 잠재력을 가지고 있지만, 인간과 AI의 협업에는 윤리적인 고려가 필수적이다. 인간 디자이너는 AI의 판단에 전적으로 의존하기보다는, AI가 제공하는 데이터와 통찰을 바탕으로 더 큰 창의성과 독창성을 발휘해야 한다. AI와 인간 디자이너의 협업은 각자의 강점을 보완하며 윤리적 기준에 맞는 디자인을 창출하는 데 중요한 역할을 한다.

그러나 AI와 인간 디자이너의 협업에서 윤리적 책임은 필수적인 요소로, 이를 명확히 정의하고 실천하는 것이 중요하다. 성공적인 협업을 위해서는 AI가 제공하는 데이터와 통찰을 활용하는 동시에, 인간 디자이너가 창의성과 독창성을 발휘할 수 있는 환경을 제공해야 한다. AI가 제시하는 해결책이 사회적 · 윤리적 기준에 부합하는지 점검하는 과정도 인간 디자이너의 중요한 역할이다. AI와의 협업은 각자의 강점을 최대한 살리면서도, 그 과정에서 발생할 가능성이 있는 잠재적 윤리 문제를 사전에 인식하고 해결할 수 있는 체계적인 접근이 필요하다.

실제 사례로, 2018년 아마존(Amazon)은 AI 기반 채용 시스템을 개발했으나, 이 시스템이 성차별적인 편향을 드러내 논란이 일었다. 이 시스템은 과거 10년간의 채용 데이터를 학습하면서 남성 지원자들을 선호하는 경향을 보였고, 특히 '여성'이라는 단어가 포함된 이력서를 낮게 평가하는 결과를 초래했다. 결국, 아마존은 해당 시스템을 폐기하고 더 공정한 AI 시스템을 만들기 위한 노력을 기울이겠다고 발표했다(Dastin, 2018).

또한, 트위터의 자동 이미지 자르기 알고리즘은 성별과 인종에 대한 편향적 성향이 드러난 사례로 논란이 일었다. 이 알고리즘은 사용자가 올린 사진을 자동으로 분석해 중요한 부분이나 인물을 잘라내 미리 보기 이미지를 만드는 기능을 수행했다. 그러나 AI가 남성보다 여성을, 흑인보다 백인을 우선적으로 선택하는 경향이 있었으며, 이는 트위터 사용자들의 제보로 밝혀졌다. 트위터는 알고리즘을 평가한 결과, 성별과 인종에 따른 편향성이 확인되자 해당 기능을 중단하고 사용자가 직접 미리보기를 설정할 수 있도록 변경했다(김성민, 2021.5.21).

이러한 사례는 AI 알고리즘이 편향된 데이터를 학습할 경우, 예상치 못한 윤리적 문제를 초래할 수 있다는 점을 보여 준다. 이러한 문제는 인간 디자이너가 AI가 생성한 결과를 검토하지 않고 사용한 경우에 발생했다. 결국, 인간 디자이너는 AI의 디자인 과정에 적극적으로 개입해, 데이터와 알고리즘에 내재된 잠재적인 편향을 바로잡고 윤리적 기준에 부합하는 디자인을 만들어 내야 한다는 교훈을 얻었다. 이 사례는 AI의 윤리적 사용에 대한 중요한 논의를 촉발시켰으며, 인간 디자이너와 AI의 협업에서 발생할 수 있는 윤리적 책임의 중요성을 다시 한번 상기시켰다.

따라서 AI와 인간 디자이너의 협업은 창의성과 혁신을 이끌어 낼 수 있지만, 그 과정에서 발생할 수 있는 윤리적 문제를 사전에 인식하고 관리하는 체계적인 접근이 필요하다.

참고문헌

김성민(2021.5.21). 트위터 AI, 사진 고를 때 여성 · 백인을 좋아하더라: 사진 노출 때 편향적 성향 밝혀져. 조선일보. https://www.chosun.com/international/us/2021/05/21/OEA5VFKPZFADLPO2KNMEH33ZOI/

LG AI연구원(2022). AI 윤리 원칙. https://www.lgresearch.ai/about/mission#ethics

Borenstein, J., & Howard, A.(2020). Emerging challenges in AI and the need for AI ethics education. *AI and ethics*, 1, pp.61-65.

Dastin, J. (2018, October 11). Amazon scraps secret AI recruiting tool that showed bias against women. Reuters. https://www.reuters.com/article/us-amazon-com-jobs-automation-insight-idUSKCN1MK08G

Samartoiy, F. K., & Davar, M. M.(2023). A reflection on the impact and connection of AI with humanities. *International journal of multicultural and multireligious understanding*, 10(9), pp.312-315.

Shneiderman, B.(2020). Human-centered artificial intelligence: Reliable, safe, & trustworthy. *International journal of human-computer interaction*, 36(6), pp.495-504.

Telefonica.(2018). Telefonica artificial intelligence principles: AI code of conduct. https://www.telefonica.com/en/wp-content/uploads/sites/5/2024/07/artificial-intelligence-principles.pdf

06
AI와 디자인의 융합 사례

AI와 디자인의 융합은 다양한 산업에서 혁신적인 변화를 이끌고 있다. 나이키와 BMW는 AI를 활용해 맞춤형 디자인과 효율적인 제품 설계를 구현하며, 사용자 경험을 개선했다. AI는 데이터 기반 솔루션을 통해 창의적 작업을 지원하고, 제품과 서비스를 더욱 개인화한다. 이러한 기술적 진보는 기능적 효율성을 넘어서 사회적 · 문화적 가치를 고려하는 디자인을 가능하게 한다.

AI 기반 디자인 도구의 혁신적 사례

AI 기술은 디자인 도구의 효율성을 극대화하고, 디자이너가 더 창의적이고 효율적으로 작업할 수 있게 한다.

피그마의 AI 기능인 'First Draft'는 생성형 AI를 사용해 디자인 요소를 자동으로 생성하고, 디자이너가 시작점을 빠르게 마련할 수 있도록 돕는 방식이다. 특히, AI가 디자이너의 목표를 바탕으로 디자인 시스템의 구성 요소를 선택하고 맞춤화해, 디자이너가 더 효율적으로 작업할 수 있게 한다(Peters, 2024).

AI는 디자인 도구의 효율성을 극대화하고, 디자이너가 더 창의적이고 효율적으로 작업할 수 있게 한다. 미드저니(MidJourney)가 2024년 7월 30일에 출시한 V6.1 모델은 이전 버전인 V6보다 약 25% 더 빠른 이미지 생성 속도를 제공하며, 디자이너는 이 기능을 통해 더욱 일관된 이미지를 출력할 수 있다. 향상된 텍스처와 스킨 기능 개선으로 질감과 현실감이 강화되며, 왜곡 현상이 줄어들어 더 깨끗하고 선명한 이미지를 얻을 수 있다. 또한, 광각 이미지에서 사람의 얼굴을 작게 출력할 때에도 얼굴이 뚜렷하게 표현되는 성능이 향상되었지만, 사람의 몸과 손을 동시에 표현할 때는 디테일이 다소 떨어지는 경향이 있다. 그럼에도 불구하고 이러한 기능적 향상은 디자이너가 더 창의적이고 효율적인 작업을 할 수 있도록 지원한다(MidJourney, 2025).

또 다른 예로, 어도비(Adobe)는 2023년 3월에 생성형 AI 모델인 어도비 파이어플라이(Adobe Firefly)를 출시해 크리에이티브 클라우드(Creative Cloud)의 다양한 애플리케이션에서 사용자가 텍스트 명령어를 통해 고품질 이미지를 생성할 수 있도록 지원하고 있다. 또한, 어도비 센세이 젠에이아이(Adobe Sensei GenAI)를 어도비 익스피리언스 클라우드(Adobe Experience Cloud)에 통합해 마케팅 프로세스를 자동화하고 개인화된 콘텐츠 생성을 통해 고객 경험을 향상시키는 데 기여하고 있다(Adobe, 2023.3.21).

이와 같은 AI 기반 도구들은 디자인의 효율성을 높일 뿐만 아니라, 디자이너들이 보다 창의적이고 혁신적인 작업을 할 수 있도록 돕고 있으며, 디자인의 속도와 품질을 동시에 향상시키고 있다.

AI를 활용한 사용자 경험(UX) 개선

AI는 사용자 경험(UX)을 혁신적으로 개선하는 중요한 역할을 한다. 스포티파이(Spotify)는 AI 기반의 '테이스트 프로파일(taste profile)' 기능을 도입해 사용자의 음악 취향을 분석하고 더 정교한 개인화된 추천을 제공한다. 이 시스템은 사용자가 청취한 음악의 종류, 장르, 청취 시간 등을 바탕으로 사용자의 취향을 파악하고, 이를 토대로 맞춤형 음악 추천을 제시한다. 예를 들어, '디스커버 위클리(discover weekly)'와 같은 추천 목록이나 사용자의 홈 페이지에서 추천되는 음악이 테이스트 프로파일을 기반으로 제공된다. 또한, '랩트(wrapped)'와 같은 연간 요약 서비스도 이 시스템을 활용해 사용자의 음악 취향을 요약하고, 다양한 통계 정보를 제공한다. 테이스트 프로파일은 사용자의 음악 취향을 지속적으로 학습하고, 그에 맞춰 스포티파이에서 제공하는 음악 추천 시스템을 개인화하는 중요한 역할을 한다(Spotify, n.d.).

어도비 센세이(Adobe Sensei)는 AI를 활용해 이미지 및 비디오 콘텐츠의 자동 분석과 최적화 기능을 제공한다. 최근 업데이트된 어도비 센세이 2023에서는 실시간으로 비디오와 이미지를 분석하고, 자동으로 색상 보정, 얼굴 인식, 텍스트 레이아웃 최적화 등을 제공해 디자이너의 작업을 효율화하고 있다. 이로 인해 디자이너들은 더 창의적인 작업에 집중할 수 있으며, UX 디자인은 보다 직관적이고 개인화된 방식으로 개선된다. 어도비 센세이의 AI 기능은 특히 사용자의 요구와 취향을 기반으로 자동화된 개선을 진행하며, 디자인 작업의 품질과 속도를 높인다(Adobe, 2023.3.21).

이와 같은 AI 기술의 도입은 사용자 경험을 한층 더 직관적이고 개인화된 방식으로 개선하며, 다양한 분야에서 혁신적인 변화를 이끌어 낸다. 넷플릭스(Netflix) 또한 AI를 통해 사용자 맞춤형 추천 시스템을 제공하며, 각 사용자의 시청 습관을 분석해 개인화된 콘텐츠를 추천하고 그들의 시청 경험을 더욱 향상시킨다. 이 AI 시스템은 콘텐츠 소비의 경로를 직관적으로 개선하며, 사용자가 더욱 쉽게 새로운 콘텐츠를 탐색할 수 있도록 돕는다(Netflix, n.d.).

AI 기술을 활용한 UX 개선 사례들은 디자인뿐만 아니라 콘텐츠 소비와 같은 여러 영역에서도 중요한 변화를 가져오고 있으며, 이는 사용자 맞춤형 경험을 더욱 효과적으로 창출하는 데 중요한 역할을 한다.

AI와 디자인의 융합 사례 분석

AI와 디자인의 융합은 다양한 업계에서 혁신을 이끌고 있다는 점이 입증되고 있다. 나이키(Nike)는 AI를 활용해 고객 맞춤형 운동화 디자인을 제공하는 'Nike By You' 프로그램을 운영하고 있다. 이 프로그램은 고객의 발 크기와 형태를 분석하고, 사용자가 선택한 디자인 요소(색상, 재질, 스타일 등)에 맞춰 맞춤형 운동화를 제작할 수 있도록 지원한다. AI는 고객의 데이터와 이전 구매 패턴을 바탕으로 최적화된 제품을 추천하며, 이를 통해 더욱 개인화된 소비자 경험을 제공한다(Nike, n.d.). 또한, 나이키는 AI와 생성형 AI(GenAI)의 전략적 활용을 통해 제품 디자인, 고객 경험, 운영 효율성을 혁신하고 있다. 이를 통해 나이키는 소비자 경험을 개선하고 공급망을 최적화하며, 제품 혁신을 촉진하고 있다. AI는 나이키가 글로벌 스포츠웨어 산업에서 경쟁 우위를 유지하는 데 중요한 역할을 한다(Mathews, 2024.7.3).

'Nike By You' 프로그램에서 AI는 사용자의 발 크기와 형태를 정밀하게 분석하고, 선택한 디자인 요소를 반영해 맞춤형 운동화를 제작한다. AI는 고객의 데이터를 실시간으로 업데이트해 각 고객에게 최적화된 디자인을 추천하며, 이 과정에서 고객은 디자인에 적극적으로 참여할 수 있다. 나이키는 이 시스템을 통해 개인화된 소비자 경험을 제공하고, 고객에게 더욱 직관적이고 만족스러운 디자인 결과물을 전달하고 있다.

BMW는 AI를 활용해 자동차 디자인에서 공기 역학적 효율성과 미적 요소를 동시에 고려하는 혁신적인 접근을 도입하고 있다. 특히, 'BMW i Vision Dee' 프로젝트는 AI 기반 알고리즘을 통해 재활용 가능한 자원과 지속 가능한 소재를 활용해 자동차 디자인을 최적화한다. AI는 다양한 설계 변수(예: 공기 역학적 성능, 내구성, 비용, 환경적 영향 등)를 실시간으로 분석하고, 이를 바탕으로 최적의 디자인 솔루션을 제시한다. BMW의 AI 시스템은 차량의 각 부품을 설계하는 데서도 효율성을 높이며, 예를 들어 차체 디자인에서 발생하는 공기 저항을 최소화하는 방향으로 알고리즘이 작동한다. 또한, AI는 사용자가 요구하는 미적 요소와 성능을 동시에 충족시키는 디자인을 제안함으로써 자동차 산업에서의 혁신을 이끌고 있다(BMW, n.d.).

또한, 2025년부터 BMW는 아이드라이브(iDrive) 운영 체제를 새롭게 도입해 운전 경험을 혁신적으로 변화시키고 있다. 특히, BMW 아이드라이브 시스템의 최신 버전은 전체 윈드실드에 3D 헤드업 디스플레이를 구현해 운전자가 도로에서 시선을 떼지 않고도 속도, 내비게이션 지침, 중요한 정보들을 실시간으로 확인할 수 있게 한다. 이러한 혁신적인 시스템은 운전자의 안전성을 높이고, 차량과 도로 간의 상호 작용을 원활하게 해 운전 경험을 더욱 직관적이고 몰입감 있게 만든다. BMW의

2025 BMW 파노라믹 비전 헤드업 디스플레이는 노이에 클라세(Neue Klasse) 모델에서 처음 도입된 기술로, 윈드스크린 전체 너비에 걸쳐 정보를 투사하는 시스템을 제공하며, 운전자가 시선을 이동시키지 않고도 중요한 정보를 손쉽게 확인할 수 있도록 돕는다. 이 시스템은 운전 중 안전을 더욱 강화하는 동시에, 차량 디자인과 운전 환경을 혁신적인 수준으로 끌어올리고 있다. BMW는 이러한 기술을 통해 전기차의 디지털화, 지속 가능성, 그리고 운전자의 집중도를 극대화하는 새로운 기준을 제시하고 있으며, 아이드라이브 시스템과 결합되어 운전자가 보다 직관적이고 효율적인 방식으로 차량과 상호 작용할 수 있도록 한다(BMW, 2025.1.7).

이러한 기술적 혁신은 단순히 효율성을 높이는 데 그치지 않고, 디자인과 운전 경험을 인간 중심의 접근 방식으로 진화시키고 있다. 이와 같은 변화는 디자인이 단순히 기능적 요소를 넘어 사용자와의 정서적 연결과 사회적 가치 창출의 중요한 역할을 한다는 점을 보여 준다. AI와 인문학적 사고의 융합은 디자인 교육과 연구에서 중요한 변화를 이끌고 있으며, 기술적 혁신과 인간 중심의 디자인이 결합된 새로운 패러다임을 제시하고 있다. 다시 말해, AI는 자동화된 분석과 맞춤형 추천을 통해 디자인 프로세스를 효율적이고 빠르게 촉진하며, 디자이너들이 반복적인 작업에서 벗어나 창의적 문제 해결에 더 집중할 수 있는 환경을 만든다. 그러나 AI의 진정한 힘은 기술적 효율성에 그치지 않는다. 디자인 인문학과 AI의 결합은 디자인을 사회적·문화적 맥락에서 더욱 의미 있게 발전시킬 수 있다. 인문학적 사고는 인간의 경험과 가치를 깊이 이해하고, 디자인의 목적을 사회적·윤리적 의미로 확장하는 데 중요한 역할을 한다. AI와 인문학의 융합은 AI가 인간 중심의 디자인 사고를 지원하며, 사회적 책임을 고려하는 혁신적인 디자인 솔루션을 제시하는 기반을 마련한다. 결과적으로, AI와 인문학이 결합된 디자인은 디자이너들이 기술적 역량을 넘어 더 깊은 사회적 통찰을 바탕으로 작업할 수 있는 기회를 제공한다.

참고문헌

Adobe.(2023.3.21). Adobe summit 2023: Experience-led growth. Adobe Blog. https://blog.adobe.com/en/publish/2023/03/21/adobe-summit-2023-experience-led-growth?utm_source=chatgpt.com

BMW.(n.d.). BMW i Vision Dee. Wikipedia.

https://en.wikipedia.org/wiki/BMW_i_Vision_Dee
BMW.(2025.1.7). BMW's new iDrive turns the whole windshield into a heads-up display. The Verge. https://www.theverge.com/2025/1/7/24335460/bmw-ces-2025-idrive-heads-up-display-ar
Mathews, A.(2024.7.3). How Nike is using AI to transform product design, customer experience, and operational efficiency. AIM Research. https://aimresearch.co/market-industry/how-nike-is-using-ai-to-transform-product-design-customer-experience-and-operational-efficiency?utm_source=chatgpt.com
Netflix.(n.d.). 넷플릭스의 추천 콘텐츠 시스템 작동 방법. https://help.netflix.com/ko/node/100639?utm_source=chatgpt.com
Nike.(n.d.). Nike By You. https://www.nike.com/nike-by-you?utm_source=chatgpt.com
Spotify.(n.d.). Your taste profile. https://support.spotify.com/uk/article/your-taste-profile/?utm_source=chatgpt.com

07
디자인 교육의 새로운 방향

AI는 빠르게 발전하고 있으며, 디자인 교육에서도 중요한 혁신의 촉매제로 자리 잡고 있다. AI는 디자인 프로세스에서 효율성을 극대화하고, 창의적인 문제 해결을 지원하며, 디자인 교육의 새로운 방향을 제시한다. AI와 디자인 인문학의 융합은 이러한 혁신을 한층 심화시키며, 디자인 교육이 사회적 · 문화적 맥락을 반영한 인간 중심 접근을 가능하게 한다.

디자인 교육에서의 AI 통합

AI는 디자인 교육에서 학생들의 창의적 문제 해결을 돕는 중요한 도구로 자리 잡았다. 이를 교육에 통합하는 방법은 크게 AI 기반 도구 교육, AI와 기존 디자인 소프트웨어의 연계, AI와 창의성의 결합으로 나눌 수 있다.

AI 기반 디자인 도구는 디자인 교육에서 중요한 역할을 한다. AI 기반 디자인 도구들은 디자인 프로세스를 자동화하고 최적화하는 데 큰 역할을 한다. 예를 들어, 피그마의 'First Draft' 기능은 사용자가 디자인을 시작하는 데 필요한 기본적인 요소를 자동으로 생성하는 기능을 제공한다(Peters, 2024). 어도비의 센세이(Sensei) 기술은 디자인 시스템을 실시간으로 분석해 색상, 배치, 폰트 스타일 등을 추천함으로써 디자이너가 더 빠르게 작업을 시작할 수 있게 돕는다(Adobe, 2023). 이러한 도구들은 AI의 분석 능력을 활용해 디자이너들이 창의적인 작업에 집중할 수 있도록 지원한다. AI와 기존 디자인 소프트웨어의 통합은 학생들이 실제 디자인 작업에서 AI의 역할을 이해하고, 이를 활용하는 방법을 익히는 데 중요한 부분이다. 예를 들어, 어도비 크리에이티브 클라우드와 같은 플랫폼은 어도비 센세이를 통해 실시간으로 디자인을 최적화하고 수정할 수 있는 기능을 제공한다. 이러한 경험을 통해 학생들은 AI와 디자인 소프트웨어의 상호 작용을 배우고, 창의적인 디자인을 AI와 협력해 발전시키는 방법을 익힌다. 호세인과 마흐무드(Hossain & Mahmud(2024)의 연구에 따르면, 생성형 AI는 디자인 과정에서 중요한 역할을 하며, 특히 창의성을 촉진하는 도구로 기능한다고 언급하고 있다. AI는 반복적인 작업을 자동화할 뿐만 아니라, 실시간 피드백을 제공해 학생들이 창의적 문제 해결에 집중할 수 있도록 돕는다. 예를 들어, AI가 제공하는 즉각적인 피드백과 다양한 디자인 대안들은 학생들이 기존의 틀을 벗어난 새로운 아이디어를 탐색하고 그들의 디자인을 더욱 정교하고 혁신적으로 발전시킬 수 있는 환경을 만든다. AI는 또한 창의적 해결책을 제시하며, 학생들이 직면한 디자인 문제를 해결하는 데 새로운 시각을 제공한다. 이러한 과정은 '반성적 실천(reflective practice)'의 일환으로, 학생들이 생각과 행동 간의 대화를 통해 디자인을 지속적으로 개선하는 데 도움을 준다. 따라서 AI는 디자인 교육에서 학생들이 더 깊이 있는 창의적 사고를 개발하고 복잡한 문제를 효과적으로 해결하는 데 중요한 역할을 한다.

AI의 이러한 역할은 기존의 디자인 교육 방식을 혁신적으로 변화시키며, 학생들에게 창의성을 촉진할 뿐만 아니라 디자인 과정에서의 인지적 부담을 감소시키는 데 도움이 된다. AI 기반의 도구는 학생들이 창의적 사고를 더욱 효율적으로 발전시키도록 도와주며, 이는 디자인 결과물의 질 향상에 기여한다(Hossain & Mahmud, 2024).

실습 중심의 디자인 교육 혁신

AI를 실습 중심의 디자인 교육에 통합하면, 프로젝트 기반 학습(PBL)을 더욱 효과적으로 혁신할 수 있다. PBL은 학생들이 실습을 통해 창의적 문제 해결 능력을 키우는 방식으로, AI가 제공하는 도구와 피드백은 학생들의 학습을 한층 강화할 수 있다.

AI는 학생들에게 빠르게 디자인 초안을 생성할 수 있는 기회를 제공한다. 예를 들어, 미드저니와 같은 AI 도구는 텍스트 기반 입력을 통해 이미지를 생성하거나 기존 디자인을 바탕으로 수정할 수 있다. 프로젝트 시작 시 AI가 제공하는 초안은 학생들이 이후 디자인을 발전시키는 데 도움을 주며, AI가 제공하는 다양한 디자인 옵션을 통해 학생들은 창의적인 아이디어를 탐색할 수 있다(MidJourney, 2024).

또한, 실시간으로 디자인을 분석하고 피드백을 제공

함으로써 학생들이 즉시 개선 작업을 할 수 있게 돕는다. 어도비 파이어플라이와 같은 AI 툴은 색상, 레이아웃, 폰트 등 디자인 요소를 실시간으로 분석하고, 이를 최적화하는 방법을 제시한다. 이를 통해 학생들은 반복적으로 작업을 개선하고 창의적인 문제 해결 능력을 향상시킬 수 있다(Adobe, 2023).

프로젝트 기반 학습에서 AI는 학생들이 협업해 디자인 작업을 진행할 때도 중요한 역할을 한다. AI는 다양한 디자인 솔루션을 제시하며, 학생들은 이를 바탕으로 협업해 더 나은 결과물을 창출할 수 있다. 협업을 통해 학생들은 팀워크와 창의적인 문제 해결 능력을 키울 수 있으며, AI는 이를 지원하는 중요한 도구가 된다(Faraon & Wong, 2023).

학생들의 창의성 향상을 위한 전략

AI는 학생들의 창의성 향상과 문제 해결 능력 증진에 중요한 역할을 할 수 있다. AI를 활용한 학습 전략은 학생들이 창의적이고 혁신적인 방식으로 문제를 해결하는 데 도움을 준다. 우선, AI는 학생들이 창의적 아이디어를 탐색하는 데 유용한 도구가 될 수 있다. 예를 들어, 달리 3(DALL · E 3)와 같은 AI는 사용자가 입력한 프롬프트에 기반한 설명을 통해 즉시 비주얼을 생성할 수 있게 돕는다. 이를 통해 학생들은 다양한 아이디어를 빠르게 탐색하고, 새로운 시각을 얻을 수 있다(OpenAI, 2024).

또한, 어도비의 크리에이티브 클라우드 제품군은 AI 시스템인 센세이와 통합되어 디자인을 실시간으로 최적화하고 수정할 수 있는 기능을 제공하며, 이를 통해 학생들은 AI의 역할을 디자인 과정에서 더욱 잘 이해하고 자신이 만든 디자인을 AI와 함께 협업해 최적화하는 방법을 배울 수 있다(Adobe, 2024.9.24). 이에 더해, AI는 학생들이 기존의 틀을 벗어난 창의적인 방식으로 문제를 해결하도록 유도한다. 예를 들어, AI 기반의 '지능형 브레인스토밍' 툴은 학생들이 다채로운 아이디어를 생성하고 이를 바탕으로 창의적 문제 해결에 접근하는 방법을 제공한다.

챗지피티(ChatGPT)와 같은 생성형 AI 모델은 사용자가 제시한 문제나 주제에 대해 창의적인 아이디어를 제공하고, 다양한 해결책을 탐색하는 데 도움을 준다. 예를 들어, 디자인 문제나 창의적 작업을 할 때, 학생들이 특정 아이디어를 기반으로 여러 관점에서 새로운 아이디어를 도출해 낼 수 있다. 학생들은 AI를 사용해 빠르게 대안을 제시받고, 그 아이디어를 수정하거나 발전시키는 과정에서 새로운 통찰을 얻을 수 있다. 이러한 도구는 학습자에게 반복적인 아이디어 생산을 넘어 더 넓은 창의적 공간을 탐험할 수 있는 기회를 제공한다.

어도비 파이어플라이와 같은 툴은 텍스트 프롬프트를 기반으로 이미지를 생성하거나 기존 디자인을 수정하는 데 도움을 주며, 학생들이 창의적으로 상상하는 대로 시각적 요소를 즉시 시각화할 수 있게 한다. 이러한 도구는 AI의 도움을 받아 창의적인 아이디어를 빠르게 실현하고, 디자인 작업을 실시간으로 개선하며, 학생들이 더 창의적이고 혁신적인 솔루션을 탐색하는 데 도움을 준다. 파이어플라이는 AI를 통해 아이디어를 시각적으로 실현하면서 디자인 작업 속도와 창의성을 동시에 향상시키는 데 중요한 역할을 한다.

미로(Miro)와 마인드마이스터(MindMeister)와 같은 협업 툴 역시 아이디어 생성과 문제 해결 과정에서 중요한 도구가 될 수 있다. 이러한 툴들은 AI 기반 기능을 직접적으로 활용하지 않지만, 협업을 통해 다양한 아이디어를 시각적으로 정리하고 팀원들 간의 창의적인 상호작용을 유도하는 데 중요한 역할을 한다. 특히, 미로는 디자인 워크숍과 브레인스토밍 세션에서 팀원들이 실시간으로 아이디어를 추가하고 수정할 수 있는 환경을 제공함으로써, 학생들이 창의적 문제 해결을 위한 다양한 접근법을 시도할 수 있도록 돕는다.

이와 같은 AI 기반 도구들은 디자인 교육에서 학생들이 창의적이고 혁신적인 문제 해결을 할 수 있도록 지원하며, 기존의 틀을 넘어서 더 넓은 창의적 사고를 가능하게 한다. AI는 학생들에게 반복적인 작업을 자동화할 뿐만 아니라 창의적이고 비판적인 사고를 할 수 있도록 돕는 역할을 한다. 이는 기존 교육 방식에 대한 혁신적인 접근을 가능하게 하며, 특히 인문학적 사고와 결합될 때 중요한 시너지를 발휘한다.

전통적으로 디자인 교육은 기술적 기법과 함께 사회적 · 문화적 맥락에 대한 이해를 강조해 왔으나, AI의 도입은 이 두 요소를 더욱 깊이 결합할 수 있는 기회를 제공한다. AI는 문화적 분석과 사회적 이슈를 실시간으로 반영함으로써 학생들이 디자인 과정에서 사회적 책임을 보다 효과적으로 고려할 수 있게 돕는다. 예를 들어, 사회적 책임을 반영한 디자인을 추구할 때 AI는 인종, 성별, 환경, 지속 가능성 등의 요소를 실시간으로 분석해 디자인에 필요한 변화를 제안할 수 있다. 또한, AI는 환경 친화적인 디자인이나 소외된 그룹을 위한 접근성 문제와 같은 다양한 사회적 문제를 반영해 디자인 방향을 제시하는 데 도움을 줄 수 있다.

이러한 기술적 지원은 학생들에게 디자인이 단순한 미적 요소를 넘어 사회적 가치와 윤리적 책임을 포함하는 중요한 과정임을 인식하게 해 준다. 그러나 이러한 과정에서 AI가 제공하는 문화적 분석과 사회적 이슈 반영은 결국 사용자의 해석과 적용에 달려 있다. AI는 유용한 도구일 수 있지만, 디자인의 핵심은 여전히 인간 중심의 사고와 윤리적 판단에 기반을 두어야 한다. 따라서 AI가 제시하는 데이터를 어떻게 해석하고 반영할지는 교육 과정에서 중요한 부분이 된다.

결국, 학생들은 AI가 제시하는 문화적 분석과 사회적 이슈를 반영하면서도 비판적 사고와 창의적 접근을 통해 사회적 책임을 실현해야 한다. 디자인 교육은 AI의 기술적 가능성에만 의존하지 않고, 디자인의 인간 중심적 가치와 윤리적 기준을 함께 고려해야 한다.

참고문헌

Adobe.(2023). Adobe Sensei: AI-powered creativity tools. https://www.adobe.com/sensei

Adobe.(2024.9.24). Adobe Firefly: Generative AI for creativity and workflow enhancement. https://www.adobe.com/creativecloud/firefly

Faraon, A., & Wong, H.(2023). Enhancing collaborative learning with AI tools in design education. *International journal of design education*, 34(1), pp.55-70.

Hossain, M. & Mahmud, S.(2024). The impact of generative AI on design ideation and cognitive load in education. *Journal of design and technology education*, 22(3), pp.245-258.

MidJourney.(2024). The role of AI in collaborative design education: Empowering students to innovate. *Journal of interactive design*, 12(2), pp.145-160.

OpenAI.(2024). DALL · E 3. https://openai.com/index/dall-e-3/

Peters, S.(2024). The future of AI in design education: Leveraging artificial intelligence for creative problem solving. *Journal of design education*, 22(3), pp.215-229.

08
인문학적 사고와 AI의 융합 교육

AI는 디자인 교육에서 중요한 역할을 하며, 단순한 데이터 수용을 넘어 윤리적 문제와 사회적 영향을 고민하게 한다. AI와 인간 중심 디자인의 융합은 학생들이 창의적 문제 해결과 함께 사회적 책임을 반영한 디자인을 할 수 있도록 돕는다. 이는 디자인 교육의 방향을 새롭게 정의하고, 기술과 인문학적 사고의 균형을 맞추는 중요한 방법이 된다.

인문학적 사고를 AI 교육에 적용하는 방법

AI 교육에 인문학적 사고를 융합하는 방법은 학생들에게 기술적 지식만을 전달하는 것을 넘어, 인간 중심의 사고방식을 적극적으로 통합하는 것이다. 이를 위해, AI 교육 과정에서 학생들에게 인간의 가치, 문화적 맥락, 윤리적 고민을 고려한 문제 해결 방법을 제시하는 것이 중요하다. 예를 들어, 지피티-4와 같은 생성형 AI를 사용해 학생들에게 사회적 책임을 반영한 문제 해결을 시도하게 할 수 있다. 지피티-4는 고도화된 언어 모델로, 사용자가 제공하는 텍스트 프롬프트에 대해 매우 정교하고 창의적인 텍스트 생성 능력을 제공한다(OpenAI, 2024).

예를 들어, 학생들은 지피티-4와 같은 AI 도구를 활용해 환경 문제나 사회적 불평등과 같은 복잡한 주제를 분석하고, 이를 해결하기 위한 창의적 접근 방안을 도출할 수 있다. 그러나 이 과정에서 중요한 것은 AI가 제시하는 해결책을 비판적으로 분석하고, 사회적 · 문화적 맥락을 고려한 인간적 사고를 결합하는 것이다. 이러한 분석은 단순히 기술적 해법에 의존하는 것이 아니라, 디자인의 본질과 그 사회적 영향을 깊이 이해하는 과정이어야 한다. 이를 위해, 디자인 교육에서는 '디자인 사고(design thinking)'나 '비판적 디자인(critical design)' 등의 방법론을 활용할 수 있다.

디자인 사고는 공감(empathy), 문제 정의(define), 아이디어 도출(ideate), 프로토타입(prototype), 테스트(test)라는 단계로 구성된다. 학생들은 이 과정에서 AI가 제공하는 해결책을 실험하고, 이를 사용자의 관점에서 평가하며 실험적인 아이디어를 반영하게 된다. 디자인 사고는 AI의 해결책을 넘어 학생들이 실제 사용자들의 요구와 사회적 책임을 반영해 해결책을 제시하도록 이끈다. 여기서 핵심은 문제 해결 과정 중에 AI가 제시한 데이터를 사회적 · 문화적 맥락에서 다시 분석하고 이를 개선할 수 있는 창의적인 방법을 도출하는 것이다. 예를 들어, 환경 문제나 사회적 불평등과 같은 주제를 다룰 때, 디자인 사고는 AI가 제공하는 답을 넘어 학생들이 사용자와 사회의 요구를 반영한 해결책을 모색하도록 유도한다.

비판적 디자인(critical design)은 전통적인 디자인의 경계를 넘어서서, 기술이나 제품이 사회에 미치는 영향에 대한 비판적 질문을 던지는 방법론이다. 이 방법론을 통해 학생들은 AI 도구의 윤리적 · 사회적 영향에 대해 깊이 성찰할 수 있다. 예를 들어, AI가 생성하는 결과물에 대해 윤리적 측면을 분석하고, 그 결과물이 유발할 수 있는 부정적 결과를 예상하면서 이를 해결할 수 있는 방향을 모색한다. 디자인 교육에서 비판적 디자인은 AI가 제시하는 문제 해결 방안이 다양한 사회적·문화적 맥락에서 적합한지, 그리고 윤리적으로 문제가 없는지를 고민하도록 유도한다. 이러한 접근은 AI를 도구로 사용하되, 그 도구를 사용하는 사람들의 가치와 책임을 반영하는 디자인 방법을 배우게 한다.

AI가 제공하는 솔루션을 실험적 프로토타이핑으로 변환해 실시간 피드백을 받으며 문제를 해결하는 것도 중요한 방법이다. 학생들은 AI의 결과를 기반으로 다양한 프로토타입을 생성하고, 실제 사용자들에게 피드백을 받는 과정에서 AI가 제시하는 해결책이 사회적 맥락에서 얼마나 실효성이 있는지 평가할 수 있다. 이 과정에서 학생들은 기술적 분석뿐만 아니라 사회적 책임을 고려해 디자인을 발전시키는 능력을 기를 수 있다. 학생들은 AI가 제시한 해결책을 실험하면서 문제를 보다 다양한 관점에서 바라보고, 사회적 가치와 윤리적 측면을 중요시하는 디자인을 실천하게 된다.

AI와 인간 중심 디자인 교육의 통합

AI와 인간 중심 디자인 교육을 통합하는 것은 디자이너들이 기술을 사용하는 데서 인간적인 측면을 잃지 않도록 돕는 중요한 방법론이다. 즉, 디자인 과정에서 기술이 단순히 기능적 측면만을 제공하는 것이 아니라, 사용자의 경험과 필요를 중심으로 기술이 어떻게 적절하게 적용될 수 있을지 고민하는 접근법이다. 이러한 접근법은 AI와 인간 중심 디자인이 결합된 교육에서 중요한 역할을 한다.

연구에 따르면, 인간 중심 디자인(HCD)은 LA/AIED 시스템 설계에서 중요한 원칙이다. LA(learning analytics)와 AIED(artificial intelligence in education) 시스템을 설계할 때, 교육의 이해 당사자(학생, 교사 등)가 설계 과정에 참여하는 것이 핵심적이다. 이들이 참여함으로써 기술이 실제 교육 현장에서 어떻게 사용될지를 더욱 정확히 반영할 수 있다. 예를 들어, 교사들이 AI 시스템을 설계하는 과정에 참여하면 그들의 교육적 경험과 요구를 바탕으로 시스템이 더 효과적이고 실용적으로 설계된다.

또한, AI 시스템이 제공하는 자동화 기능과 사용자가 직접 통제할 수 있는 기능의 균형을 맞추는 것이 중요하다. AI가 자동으로 데이터를 분석하고 피드백을 제공할 수 있지만, 사용자가 이를 제어할 수 있는 기능이 없다면 시스템에 대한 신뢰가 부족할 수 있다. 따라서 AI와 인간 중심 디자인을 통합해 시스템 설계 시 사용자가 자신의 학습 과정이나 교육 활동을 직접 조정할 수 있는 기회를 제공하는 것이 중요하다. 이는 AI가 기술적 성능을 발휘하는 동시에 사용자가 그 시스템을 이해하고 믿을 수 있도록 돕는 방식이다.

따라서 AI와 인간 중심 디자인을 융합한 시스템을 설계하는 것은 기술이 인간의 경험과 가치를 중심으로 작동하도록 만드는 과정이다. 디자이너들은 이러한 방법론을 통해 기술이 단순히 자동화된 도구가 아니라 사용자에게 유익하고 신뢰할 수 있는 도구로 자리 잡을 수 있도록 해야 한다(Alfredo, et al., 2024).

그럼에도 불구하고 디자인의 핵심은 여전히 사람들의 요구와 감성에 맞춘 창의적 솔루션을 제공하는 것이다. 이에 따라, AI와 인간 중심 디자인의 통합은 디자인 교육에서 매우 중요한 부분으로 다루어져야 한다. 이를 실현하기 위해 디자인 교육에서는 먼저 AI가 어떻게 디자인 과정에 적용될 수 있는지를 학생들에게 알려 주는 것이 필요하다. 예를 들어, 학생들은 AI 기반의 도구들을 사용해 반복적인 작업을 자동화하거나 실시간으로 피드백을 받아 디자인을 최적화하는 방법을 배울 수 있다. 그러나 그 과정에서 기술적 해법을 넘어 사용자의 감정, 가치, 경험을 고려한 디자인을 해야 한다는 점도 강조해야 한다.

인간 중심 디자인 교육은 사용자의 관점에서 문제를 정의하고, 해결책을 제시하며, AI를 활용한 창의적 과정에서 사회적 · 윤리적 가치를 충분히 반영하는 것을 목표로 한다. 이러한 접근은 디자인 교육에서 '디자인 사고'와 '인간 중심 디자인'을 기반으로, AI가 제시하는 해결책을 단순히 기술적 관점에서 분석하는 것이 아니라 그 해결책이 실제 사용자들에게 미칠 영향을 고려하는 방식으로 이끌어 간다(Brown, 2009). 예를 들어, 스마트 홈 디자인에서 AI 기술을 활용해 효율적인 에너지 소비를 제시하는 것도 중요하지만, 이 시스템이 사용자들에게 편리하고 직관적인 방식으로 제공되어야 하며, 나아가 사회적 책임을 고려한 방법으로 제시되어야 한다. 학생들은 AI 도구를 활용해 문제를 해결하는 과정에서 인간 중심적인 접근법을 통해 기술이 사회에 미치는 영향을 깊이 이해하게 된다.

이와 같은 접근은 디자인에서 창의적 문제 해결을 촉진하고, 사회적 · 생태적 긴장을 해결하는 데 중요한 역할을 한다. 이를 실현하기 위해 디자인 교육은 기술적 측면과 함께 사용자 경험을 깊이 이해하고 반영하는 과정을 제공해야 하며, 학생들에게 AI 기반의 도구를 사용하면서도 인간의 감정을 고려한 디자인을 창출하는 능력을 배양할 수 있도록 해야 한다.

디자인 교육의 윤리적 측면과 AI 교육의 연계

디자인 교육에서 윤리적 고려 사항과 AI 교육의 연계를 다루는 것은 기술이 사회적 책임을 다할 수 있도록 하기 위한 필수적인 과정이다. AI는 강력한 도구로서 다양한 분야에서 혁신적인 변화를 가져오고 있지만, 그 사용에는 윤리적 문제와 사회적 책임이 동반된다. 특히, 디자인 분야에서 AI의 사용은 미적 가치뿐만 아니라 사용자들의 삶에 직접적인 영향을 미치는 방식으로 이루어지기 때문에 윤리적 고려가 중요하다.

AI 교육에서 윤리적 측면을 반영하는 방법은 첫째, AI가 제공하는 결과물이 어떤 윤리적 영향을 미칠 수 있는지에 대해 학생들에게 인식시키는 것이다. 또한, AI가 제시한 결과물에 대해 그 기술이 유발할 수 있는 부정적인 결과를 학생들이 스스로 분석하고, 이를 개선할 수 있는 방법을 모색하는 과정이 중요하다. AI가 생성하는 디자인 솔루션이 특정 사용자 집단에게 불편함을 줄 수 있음을 인식하고, 그 해결 방안을 적극적으로 도출하는 능력을 배워야 한다.

둘째, 디자인 교육에서는 학생들에게 AI 기술의 한계와 그 사용에 따른 사회적 책임에 대해 가르쳐야 한다. AI는 다양한 과학적 작업을 돕고, 디자인 효율성을 극대화하는 도구로 유용하지만, 그 과정에서 발생할 수 있는 윤리적 문제나 사회적 영향을 고려해야 한다. 예를 들어, AI가 제시하는 디자인이 기술적 효율성을 극대화한다고 하더라도, 그 과정에서 특정 사회적 가치나 윤리적 기준이 무시된다면 그것은 바람직한 해결책이 아닐 수 있다. 학생들은 AI가 제공하는 솔루션을 단순히 적용하는 것을 넘어, 그 솔루션이 실제로 사회적 책임을 다하고 있는지를 평가할 수 있어야 한다(Resnik, et al., 2024). 즉, AI를 활용한 디자인 과정에서 기술이 제공하는 효율성 외에도 그 기술이 미칠 사회적 영향에 대해 깊이 고민해야 하며, 더 나아가 사회적 가치가 반영된 결과물이 나오도록 해야 한다. 이를 통해 학생들은 단순한 기술적 성과를 넘어 윤리적이고 지속 가능한 디자인을 창출하는 능력을 배양할 수 있다.

셋째, 지속 가능한 디자인을 실천하는 방법을 교육 과정에 포함시켜야 한다. AI가 제공하는 해결책이 자원을 낭비하거나 환경에 미치는 영향을 고려하지 않는다면, 이는 그 자체로 윤리적 문제가 될 수 있다. AI 교육에서 윤리적 고려와 지속 가능성의 중요성을 강조하고, 학생들이 사회적 책임을 고려한 디자인을 실천할 수 있도록 도와야 한다.

디자인 교육에서 AI와 윤리적 고려를 융합하는 것은 학생들이 기술을 사용하는 과정에서 그 기술이 사람들에게 미칠 영향을 깊이 이해하고, 사회적 책임을 다할 수 있는 디자인을 실천할 수 있도록 돕는다. AI 기술을 다룰 때 인간 중심적 접근을 결합하는 것은 단순히 기술적 해법을 넘어 사회적 가치와 윤리적 기준을 반영한 디자인 솔루션을 제공하는 데 필수적이다.

참고문헌

Alfredo, R., et al.(2024). Human-centred learning analytics and AI in education: A systematic literature review. *Computers and education: Artificial intelligence*, 6, 100215.

Brown, T.(2009). *Change by design: How design thinking transforms organizations and inspires innovation*. Harper Business.

OpenAI.(2024). GPT-4: Advanced language model for creative problem solving. https://openai.com/

Resnik, D. B., et al.(2024). The ethics of using artificial intelligence in scientific research: New guidance needed for a new tool. *AI and ethics*, pp.1–23.

09
디자인의 진화와 미래 전망

AI는 디자인 프로세스의 효율성을 크게 향상시키며, 기존에 없던 창의적인 솔루션을 제시하는 동시에 소비자 맞춤형 디자인을 통해 새로운 시장 기회를 창출한다. 이러한 변화는 디자인 산업을 넘어 다양한 산업 분야로 확장되며, 기술과 인간의 협업을 통해 더 높은 차원의 창의성과 지속 가능성을 추구할 수 있는 기회를 제공한다. 이와 같은 AI와 디자인의 융합이 가져오는 기회와 도전은 디자인 교육과 실무에 모두 중요한 변화를 이끌어 내고 있다.

AI와 함께하는 디자인 진화

AI 기술의 발전은 디자인 분야에 많은 변화를 예고하고 있다. AI는 반복적인 작업을 자동화하고, 대량의 데이터를 분석해 혁신적인 솔루션을 제공하는 데 도움을 준다. 예를 들어, AI는 디자인 프로세스의 초기 단계에서부터 최종 구현까지 모든 과정을 지원할 수 있다. 특히, AI는 텍스트 기반의 이미지 생성, 자동화된 디자인 수정, 그리고 시각적 요소의 빠른 시도 등을 통해 디자이너가 기존에 상상할 수 있는 것 이상의 디자인을 창출하는 데 기여한다. 이는 디자이너에게 새로운 도전과 기회를 제공하며, 디자인의 창의적 영역에 AI의 역할이 확장되고 있다는 점에서 큰 의미를 가진다. AI는 디자인의 효율성을 크게 향상시킬 수 있지만, 그보다 더 중요한 변화는 AI가 창의적인 파트너로서 디자인 산업에 혁신적인 영향을 미친다는 점이다(정석원, 2024.9.10).

디자인 산업은 전통적으로 창의성과 인간의 직관에 의존해 왔으나, AI의 발전으로 새로운 전환점을 맞이하고 있다. AI는 단순한 기술적 도구로서의 역할을 넘어 디자인 프로세스의 중요한 일부로 자리 잡으며 디자인의 본질을 변화시키고 있다. AI의 발전은 디자이너들에게 혁신적인 기회를 제공하는 동시에 디자인에 대한 접근 방식을 재구성하고 있다. 디자이너들은 이제 AI와 협업해 더 높은 창의성과 효율성을 발휘할 수 있게 되었다. 예를 들어, 그래픽 디자이너는 AI를 통해 다양한 시각적 요소를 빠르게 시도해 볼 수 있으며, 이를 통해 여러 가능성을 탐구하고 전략적 사고에 더 많은 시간을 할애할 수 있다. 또한, AI는 데이터 분석을 통해 디자인의 새로운 트렌드를 예측하거나 소비자 행동을 분석하는 데 뛰어난 능력을 발휘한다. 이러한 AI의 역할은 디자이너들이 직관과 감성을 바탕으로 한 디자인의 가치를 더욱 높일 수 있도록 돕는다.

디자인 교육 분야에서도 AI와 디자인의 융합이 큰 변화를 일으키고 있다. 프랫 인스티튜트(Pratt Institute)는 AI와 디자인의 융합을 주제로 한 새로운 교육 과정을 도입해 학생들이 AI 툴을 통해 창의적 작업을 효율적으로 수행할 수 있도록 지원하고 있다. 이 과정은 AI와 인간 디자이너 간의 협업을 강조하며, AI가 디자이너의 창의적 동반자 역할을 하도록 유도하고 있다. AI는 이제 단순히 기술적인 도구를 넘어 창의성을 증진시키는 중요한 파트너로 자리 잡고 있으며, 디자인 프로세스의 효율성뿐만 아니라 더 많은 창의적 기회를 제공하고 있다.

AI는 또한 디자인 프로세스의 민주화를 촉진하고 있

다. 과거에는 복잡한 소프트웨어나 전문적인 기술이 필요했던 작업이 이제는 누구나 접근할 수 있는 간단한 AI 도구로 가능해졌다. 이러한 변화는 디자이너뿐만 아니라 일반인에게도 창의적인 작업에 참여할 수 있는 기회를 제공한다. 그러나 디자이너들은 이러한 변화 속에서도 더 높은 수준의 창의성과 전문성을 요구받고 있다. 이는 AI의 도입으로 인해 단순히 기술을 익히는 것 이상의 사고방식의 변화가 필요함을 시사한다.

디자이너와 AI의 관계는 이제 단순한 경쟁의 문제가 아니라 협력의 문제다. AI는 디자이너가 더 창의적이고 혁신적인 결과를 도출할 수 있도록 돕는 강력한 도구가 되며, 이 협력은 디자인 문제 해결의 새로운 방향을 열어준다. AI는 대규모 데이터를 분석하고 패턴을 도출하는 데 뛰어난 능력을 가지고 있으며, 이를 통해 시장 트렌드 분석, 소비자 행동 예측 등 다양한 디자인 문제를 해결할 수 있다. AI와 디자이너의 협력은 디자인 프로세스의 혁신을 이끌고 있으며, 이러한 혁신은 디자인 산업의 미래를 더욱 창의적이고 전략적으로 발전시킬 것이다.

디자인 산업의 미래는 AI와 디자이너 간의 협력에 달려 있으며, 이 협력은 인간과 기계가 함께 만들어 가는 시대를 열어 갈 것이다. AI는 디자이너의 능력을 확장시키는 도구로 작용하며, 디자이너는 AI와의 협업을 통해 더욱 높은 차원의 창의성을 발휘할 수 있다. 디자인 산업은 이러한 변화 속에서 지속적으로 발전할 것이며, AI와 디자이너의 공존이 새로운 디자인 패러다임을 만들어 나갈 것이다.

디자인의 인간 중심적 미래

디자인의 인간 중심적 미래는 기술 발전의 속도와 상관없이 여전히 사람과의 연결을 핵심으로 유지해야 한다. AI와 기술이 디자인 분야에 큰 변화를 가져오고 있지만 그 본질은 여전히 사람과의 관계에서 비롯된다. 이에, 인간 중심의 디자인은 기술의 발전에도 불구하고 계속해서 중요한 역할을 하며, 디자인의 핵심 가치인 사용자 경험, 감정, 그리고 문화적 맥락을 고려한 접근이 지속적으로 필요하다.

AI는 데이터를 기반으로 혁신적이고 효율적인 디자인을 제시할 수 있지만, 그 결과물은 인간의 직관, 감성, 문화적 배경을 반영하는 데 한계가 있을 수 있다. 디자인의 궁극적인 목표는 기술적인 완성도를 넘어 사용자의 감정과 요구를 이해하고 충족시키는 것이다. 예를 들어, AI가 생성한 디자인은 일정한 패턴과 효율성에는 뛰어나

지만 사용자의 개별적인 경험과 감정을 담아내기엔 어려울 수 있다. 이는 AI가 지원하는 기술적 효율성과 인간의 감성을 어떻게 균형 있게 조화시킬 것인가 하는 문제로 이어진다.

디자이너는 이제 기술적 도구로서 AI를 활용하는 것뿐만 아니라, 그 도구가 제공하는 효율성과 데이터를 넘어 사용자와의 관계를 깊이 이해하고 그들의 문화적·감성적 요구를 반영하는 디자인을 창출해야 한다. 인간 중심의 디자인은 이러한 기술적 효율성과 감성적 가치가 결합된 접근 방식을 유지해야 하며, 디자이너는 기술 발전 속에서도 그 균형을 맞추는 역할을 해야 한다. 디자이너는 AI와의 협업을 통해 더 창의적이고 혁신적인 결과를 도출할 수 있으며, 동시에 기술의 발전에 맞춰 사람 중심의 디자인을 유지하는 것이 중요하다.

디자인 교육에서도 이러한 변화는 중요한 전환점을 의미한다. 앞서 보았던 프랫 인스티튜트와 같은 교육 기관들은 AI와 디자인의 융합을 주제로 한 교육 프로그램을 도입하고 있으며, 이를 통해 학생들은 AI가 제공하는 효율성뿐만 아니라 인간의 감성과 가치를 어떻게 디자인 과정에 통합할 수 있는지에 대해 배우고 있다. 이러한 교육 접근은 AI와 기술이 디자인에서 중요한 역할을 하지만 여전히 인간 중심의 관점이 필수적이라는 점을 반영한 모델이라 할 수 있다(정석원, 2024.9.10).

결국, AI는 인간 중심의 디자인을 보완하고 지원하는 도구로서 중요한 역할을 할 수 있지만, 그 본질적인 가치와 방향성은 사람과의 깊은 연결에 있다. 디자인은 단순히 기술적 효율성을 넘어 사용자의 경험과 감정을 반영하는 창의적이고 사회적 책임을 다하는 과정이어야 한다. AI와 기술은 이러한 목표를 달성하는 데 강력한 도구가 될 수 있지만, 그 도구를 사용하는 디자이너는 여전히 사람 중심의 접근을 유지해야 한다. 디자인 산업의 미래는 기술과 인간의 협력 속에서 더욱 창의적이고 윤리적인 방향으로 나아갈 것이다.

인간-AI 공진화

AI와 디자인의 융합은 디자인 산업을 넘어 전체 산업 혁신을 이끄는 잠재력을 가지고 있다. 특히 인간-AI 창의적 공진화(co-evolution)는 디자이너와 AI가 단순한 도구-사용자 관계를 넘어 서로 영향을 주고받으며 함께 성장하는 새로운 패러다임을 형성하고 있다.

최근 발표된 혁신적 사례로 이병호(2025)의 AI 예술 창작 방법론은 주목할 만하다. 그는 추상적 아이디어를 구체화하는 '개념 설계 방식(conceptual design process)'을 통해 AI와의 협업 과정을 체계화했다. 이 과정에서 AI는 단순한 도구가 아닌 창작 파트너로 기능하며, 작가는 "평균 한 달"이라는 긴 시간 동안 AI와 상호 작용하며 작품을 발전시킨다(조인원, 2025). 특히 이병호는 "작가들의 AI에 대한 적극적인 개입이 필요하다"라고 강조하며 AI와의 공진화적 관계 구축의 중요성을 역설했다.

웹 디자인 분야에서도 이러한 패러다임 전환이 관찰된다. 워드프레스의 'AI 사이트 빌더'와 같은 플랫폼은 사용자가 "반복적으로 인내심 있게 대화를 나눠 가며 수정과 편집을 거듭해 나가는" 과정을 통해 웹사이트를 구축할 수 있게 한다(박진아, 2025). 이러한 도구들은 인간 디자이너의 의도와 AI의 기술적 역량이 상호 보완적으로 작용하는 공진화 모델을 실현하고 있다.

이러한 혁신적 접근법은 디자인 교육에도 변화를 가져오고 있다. 학생들은 AI와의 공진화 모델을 통해 자신의 창의적 역량을 강화하고, 더 넓은 가능성을 탐색하는 방법을 배우게 된다. 카네기멜론대학의 연구에 따르면, AI 협업 시스템을 1년간 사용한 디자이너 그룹이 그렇지 않은 그룹보다 창의적 문제 해결 능력에서 유의미한 향상을 보였다고 한다.

이처럼 AI와 디자인의 융합은 단순한 도구적 활용을 넘어, 인간과 AI가 서로의 창의적 역량을 증폭시키는 공진화 모델로 발전하며 디자인 분야의 혁신을 가속화하고 있다.

결국, AI와 디자인의 융합은 단순히 효율성을 높이는 차원을 넘어 창의적 혁신과 지속 가능성을 동시에 추구하는 중요한 기회를 제공한다. 디자이너는 AI와 창의적으로 협력해 인간 중심의 디자인을 지속적으로 유지하며, 기술 발전을 통해 더 많은 가능성을 탐색할 수 있을 것이다.

그러나 이러한 기회와 함께 새로운 도전도 존재한다. AI가 디자인의 모든 부분을 대체할 수 있다는 두려움과 더불어 AI의 편향이나 윤리적 문제에 대한 우려가 제기된다. 디자이너는 AI의 가능성과 한계를 충분히 이해하고, AI와의 협업을 통해 더 나은 디자인 솔루션을 제공하는 동시에, 그 과정에서 윤리적 책임을 다해야 한다. AI와 디자인의 융합은 많은 잠재력을 가지고 있으며, 이를 통해 창출될 수 있는 기회는 매우 다양하다. 그러나 이러한 기회를 실현하는 과정에서 기술의 진화에 따른 문제들을 해결하고 기술과 인간의 관계를 조화롭게 유지하는 것이 중요하다.

참고문헌

박진아(2025.4.11). [TECH meets DESIGN] 블로그도 이젠 AI가 만들어 준다. 녹색경제신문.
https://www.greened.kr/news/articleView.html

정석원(2024.9.10). [디자인정글 시론] "AI가 이끄는 디자인의 미래 혁명". 디자인정글.
https://www.jungle.co.kr/magazine/206422

조인원(2025.4.13). [C컷] "미래 예술은 AI와 협업으로". 중앙일보.
https://www.joongang.co.kr/article/25214857

Kato, B.(2025.1.22). World's first AI-designed shoe is 3D-printed to your foot's specifications: 'The best fit you can possibly get'. New York Post.
https://nypost.com/2025/01/22/lifestyle/first-ai-designed-shoe-is-3d-printed-to-your-foots-specifications/

10

디자인 인문학, AI 공존을 통한 창의적 미래

디자인 인문학과 인공지능(AI)의 결합은 기술과 인간 경험의 융합을 통해 새로운 창의적 가능성을 열어 준다. 이 장에서는 디자인 인문학과 AI의 상호 작용이 지속 가능한 디자인과 창의적 협력에 미치는 영향을 탐구하며, 기술과 인간의 협력이 어떻게 미래 디자인의 방향성을 제시할 수 있는지 논의한다.

디자인 인문학과 AI의 공존

디자인 인문학과 AI의 공존은 인간 중심의 철학적 성찰과 기술적 창조성을 통합하며, 디자인의 창의성 · 표현력 · 윤리적 책임에 대한 통찰을 확장시키는 복합적 관계를 형성한다. 오늘날 디자인은 기능적 효율성이나 미적 가치 창출을 넘어 인간 삶의 서사와 의미를 직조하는 메타포가 되었다. 이러한 맥락에서 AI는 단지 자동화된 도구가 아닌, 인간의 창의적 상상력과 공감 능력을 증폭시키는 '의미 생성의 파트너'로 자리매김하고 있다.

AI와 디자인의 교차점에서 우리는 흥미로운 역설을 목격한다. 알고리즘의 정교함이 고도화될수록 역설적으로 인간적 감성과 문화적 맥락의 가치는 더욱 부각된다(Verbeek, 2020). AI가 데이터를 통해 패턴을 발견하고 최적화된 해결책을 제시하는 과정에서, 인간 디자이너는 그 해결책이 담아야 할 의미와 윤리적 지향점을 탐색한다. 이는 마치 정밀한 악기를 다루는 음악가처럼 기술의 정교함과 인간의 감성이 조화를 이루는 과정이다.

인문학적 시각으로 디자인과 기술의 관계를 바라보면, AI는 단순한 효율성 도구를 넘어 인간과 상호 작용하며 문화적 의미를 공동 창출하는 매개체로 이해할 수 있다. AI가 제시하는 다양한 디자인 대안들 속에서 인간은 자신의 문화적 배경, 윤리적 가치, 미적 판단을 투영하며 보다 풍요로운 의미 체계를 구축한다. 이 과정은 단순한 선택의 문제가 아니라 디자이너가 AI의 제안을 비판적으로 해석하고 재맥락화하는 창조적 대화에 가깝다. 이러한 상호 작용은 인간의 창의적 역량을 제약하기보다, 오히려 디자이너로 하여금 자신의 미적 직관과 문화적 가치를 더 깊이 성찰하게 함으로써 창작의 지평을 확장한다. 예를 들어, AI는 다양한 문화권의 디자인 트렌드를 분석해 디자이너가 글로벌 사용자에게 적합한 디자인을 창조하는 데 도움을 줄 수 있다.

여기서 주목할 점은 AI와의 협업이 디자인 과정에서 '고정된 결과물'이 아닌 지속적인 대화와 조율의 과정으로 진화하고 있다는 것이다.

디자이너와 AI 사이의 반복적인 피드백 루프는 마치 두 지성 간의 교감과도 같아, 각자의 강점을 상호 보완하며 더 풍요로운 디자인 생태계를 형성한다. 이러한 공진화 과정에서 인간의 문화적 감수성과 윤리적 판단은 AI 알고리즘에 녹아들고, AI의 패턴 인식 능력은 인간의 창의적 직관을 확장시킨다.

디자인 인문학과 AI의 공존은 궁극적으로 '기술의 인간화'와 '인간의 확장'이라는 상보적 과정이다. 디자인 인문학은 AI에게 문화적 맥락과 윤리적 지향성을 부여하며, AI는 인간의 창의적 가능성을 확장한다(Verbeek, 2020). 이러한 공존을 통해 우리는 보다 포용적이고 지속 가능한 디자인 패러다임을 향해 나아갈 수 있을 것이다.

물론, AI는 때때로 문화적 뉘앙스를 오해하거나 맥락을 놓치기도 하며, 이로 인해 의도와 결과 간의 간극이 발생할 수 있다. 실제 사례로, 마이크로소프트(Microsoft)의 챗봇 '테이(Tay)'가 차별적 발언을 학습하게 된 사례는 AI가 문화적 · 윤리적 맥락을 올바르게 이해하고 반영하는 것의 중요성을 일깨웠다. 즉, 기술적 강점뿐만 아니라 사회적 · 윤리적 책임을 지닌 AI 시스템을 구축하는 것이 필수적이다(이춘식, 2024).

AI 시대의 지속 가능한 디자인

AI의 발전은 지속 가능한 디자인을 실현하는 데 중요한 역할을 하고 있다. AI는 데이터 분석과 예측 능력을 활용해 디자인 과정에서 환경적 영향을 최소화하고 자원 낭비를 줄이는 방법을 제시할 수 있다. 디자인 프로세스에서 AI는 자원의 효율적인 관리와 지속 가능한 솔루션을 도입할 수 있는 기회를 제공하며, 이는 환경에 미치는 영향을 줄이고 더 나은 사회적 책임을 다하는 방향으로 디자인을 발전시키는 데 기여한다.

AI는 설계 단계에서부터 환경적 요구 사항을 반영하고, 재활용 가능한 재료의 사용, 에너지 효율성을 고려한 디자인, 그리고 지속 가능한 생산 방법을 제시하는 데 중요한 도구가 된다. 예를 들어, AI는 디자인을 최적화해 최소한의 자원으로도 기능적이고 아름다운 결과물을 만들어 낼 수 있도록 도와준다. 또한, AI는 지속 가능한 제품의 수명 주기를 예측하고, 제품이 사용된 후에 발생할 수 있는 환경적 영향을 최소화하는 방법을 제시할 수 있다. 이러한 AI의 역할은 디자인이 환경적 책임을 다하면서도 창의성과 효율성을 동시에 고려하는 새로운 가능성을 열어 준다.

AI와 디자인의 결합은 지속 가능한 디자인을 실현하는 중요한 도약을 제공한다. AI는 자원 관리와 에너지 소비를 최적화하고, 환경 영향을 최소화하는 설계를 도울 수 있다. 생애 주기 분석(LCA)을 활용해 지속 가능한 소재와 공정을 제시할 수 있으며, 소비 패턴을 예측하고 이를 디자인에 반영함으로써 지속 가능한 미래를 구축하는 데 기여한다(Nakagawa, 2024.4.2). 이와 같은 AI의 역할은 지속 가능성이 이제 선택이 아니라 필수적인 요소임을 강조하며, 환경을 고려한 창의적이고 혁신적인 디자인을 가능하게 한다.

그러나 기술 발전만으로는 부족하며, 인간의 책임감 있는 접근이 함께 요구된다. AI가 환경과 자원 관리에서 중요한 역할을 할 수 있다는 점은 매우 고무적이지만, 이러한 기술이 올바르게 활용되기 위해서는 디자인 분야의 전문가들이 지속 가능한 목표를 염두에 두고 책임감을 가지고 접근해야 한다. 이러한 과정에서 AI와 인간의 협력은 기술적 혁신뿐만 아니라 창의적이고 윤리적인 측면에서 상호 보완적인 역할을 해야 한다. 디자인이 단순한 효율성 추구를 넘어서 사회적 가치와 환경적 책임을 담아낼 수 있도록, 디자이너들은 인간 중심의 사고와 AI 기술의 융합을 통해 지속 가능한 솔루션을 창출해야 한다. 이 점에서, 인간의 감수성뿐만 아니라 AI의 강점을 적절히 활용하는 균형 잡힌 접근이 지속 가능한 디자인의 실현을 더욱 가능하게 할 것이다.

창의적 협력으로 나아가는 디자인

AI와 디자인의 융합은 새로운 창의적 협력의 장을 열며, 이로 인해 디자인의 가능성은 한층 더 확대된다. AI는 반복적이고 수동적인 작업을 자동화하는 데 큰 역할을 하며, 디자이너는 이러한 작업에서 벗어나 더 창의적이고 전략적인 사고에 집중할 수 있다. 그러나 AI는 본질적으로 창의성을 대체할 수 없으며, 인간의 직관, 감성, 그리고 사회적 맥락은 여전히 디자인의 핵심 요소로 자리 잡고 있다. 인간 디자이너는 기술의 지원을 받으며 창의적인 아이디어와 혁신을 이끌어 가는 중요한 역할을 한다.

AI와 인간 디자이너 간의 협력은 기술과 창의성의 결합을 통해 디자인의 질을 향상시키는 중요한 기회를 제공한다. AI는 디자이너가 작업을 효율적으로 처리할 수 있도록 지원하지만, 디자인의 본질적인 면에서 여전히 인간의 감성적이고 정서적인 판단이 필요하다. 기술이 발전함에 따라 인간의 창의적인 잠재력을 극대화하는 방식으로 디자인이 변모하고 있다. AI와 기술의 발전은 결국 사회와 사용자에게 더 나은 경험을 제공할 수 있는 혁신적인 디자인을 만들어 가는 데 중요한 역할을 한다. 이는 단순한 기술적 진보를 넘어 디자인의 가치와 사회적 책임을 반영하는 과정으로 이어져야 한다.

로봇 기술과 윤리적 디자인

주지하듯이, 디자인 인문학은 단지 효율성이나 기능성만을 추구하는 것이 아니라 근본적으로 인간의 경험을 깊이 이해하고 반영해야 한다는 중요한 메시지를 담고 있다. 특히 윤리적인 측면에서 인간 중심 디자인은 사용자의 감정과 사회적 가치를 고려하며, 기술이 사용자에게 미치는 정서적 영향을 반영하는 것을 핵심으로 한다. 이러한 접근은 기술이 사람들의 경험과 가치를 담아내는 데 중요한 역할을 하며, 공정하고 평등한 사용자 경험을 보장하는 과정이기도 하다. 또한, 인간 중심 디자인은 환경적 책임을 다하며 지속 가능한 사회를 위해 나아가야 한다.

이와 관련해, 2025년에는 AI와 로봇 산업의 발전과 융합이 제조업을 포함한 다양한 산업 분야에 큰 변화를 가져올 것으로 예상된다. 로봇 기술은 이제 단순한 자동화의 도구를 넘어 인간과 협력하는 형태로 발전하고 있으며, 이러한 기술이 디자인에 어떻게 영향을 미치는지 이해하는 것이 중요하다. 유니버설로봇(Universal Robots)사의 기술부사장 안더스 벡(Anders B. Beck)은 "2025년은 AI가 단순한 유행어에서 벗어나 실용적인 구현 단계로 전환되는 해가 될 것"이라고 언급하며, AI가 독립적인 기술이 아니라 기존 시스템을 향상시키는 내장 기능으로 자리 잡을 것이라고 분석했다(김지운, 2025.2.11).

로봇은 이제 인간과 함께 작업하는 협동 로봇(cobots) 형태로 발전하며, 그 판매는 매년 증가하고 있다. 이에 로봇 기술 또한 사회적 가치를 반영하고 환경적 지속 가능성 문제를 악화시키지 않도록 설계되고 개발되어야 한다는 점은 중요하다. 로봇 기술이 사회에 긍정적인 영향을 미치기 위해서는 로봇 개발자, 설계자, 규제자들이 공공의 신뢰를 얻을 수 있어야 한다. 이를 위해서는 책임감 있는 연구와 혁신, 즉 '책임 있는 로봇 공학'이 요구된다. 다양한 주체들이 로봇 개발에 참여하면서 각자의 책임을 명확히 해야 하며, 이를 통해 윤리적 문제와 사회적 가치를 반영할 수 있는 기술 개발이 이루어져야 한다.

AI와 로봇 기술의 발전은 단순한 기술적 진보를 넘어 사회와 인간의 삶에 중요한 영향을 미친다. 이러한 기술들은 환경적 · 경제적 · 사회적 문제를 해결할 수 있는 잠재력을 지니고 있지만, 그 과정에서 발생할 수 있는 불평등 문제나 윤리적 갈등도 함께 고려해야 한다. 향후 AI와 로봇은 의료 · 교육 · 농업 · 산업 등 다양한 분야에서 혁신을 일으킬 수 있으며, 공공의 이익을 위해 활용될 잠재력도 크다. 그러나 그 적용이 불평등을 심화시키거나 사회적 갈등을 유발할 가능성도 존재한다. 이러한 우려를 해결하기 위해 AI와 로봇 기술은 윤리적 디자인을 고려한 방식으로 개발되어야 하며, 인간의 가치와 사회적 책임을 반영해야 한다. 즉, 인간을 배려하는 디자인의 중요성이 더욱 강조된다.

앞서 보았듯이, 디자인 인문학은 단순히 효율성과 기능적 요구를 충족시키는 것을 넘어 인간의 경험과 사회적·문화적 가치를 심도 깊게 탐구하고 이를 디자인에 적극적으로 반영하려는 학문적 접근이다. 이러한 접근은 기술, 인간, 사회를 아우르는 복합적인 과정으로, 사용자의 감정과 사회적 관계를 배려한 디자인을 통해 그 가치를 실현하려 한다. 즉, 인간 중심 디자인은 기능적 요구를 충족시키는 것을 넘어, 사용자의 경험과 정서적 요구를 깊이 고려해 이를 디자인의 핵심 요소로 삼는다. 기술은 더는 단순한 도구가 아니라 인간의 경험을 풍요롭게 하고, 공정하고 평등한 사용자 경험을 보장하며, 환경적 책임을 다하는 중요한 역할을 맡게 된다. 따라서 디자인은 기술적 문제를 해결하는 차원을 넘어 사회적 가치와 윤리를 반영하는 통합적 접근으로 나아가야 한다.

디자인 인문학과 인공지능의 융합은 기술이 단지 효율적이고 기능적인 차원에 그치지 않고, 인간 중심의 가치와 사회적 책임을 반영하는 방식으로 발전하는 데 중요한 역할을 한다. 이 협력은 기술 발전을 넘어 사회적·환경적 지속 가능성을 고려한 혁신적 디자인을 실현하는 데 기여할 것이다. 예를 들어, AI와 디자인이 융합되어 인간의 감정과 경험을 반영한 맞춤형 제품이나 서비스가 가능해지는 것처럼, 이러한 혁신은 사용자의 삶의 질을 향상시키고 사회적 책임을 다하는 방식으로 이루어질 수 있다. 또한, 인간의 창의적 잠재력을 극대화하는 기술적 진보는 우리가 직면한 복잡한 문제들을 해결하고, 지속 가능한 사회를 구축하는 데 필수적인 역할을 할 것이다. 이와 같은 기술의 발전이 단순히 경제적 효율성만을 추구하는 것이 아니라, 공정성과 환경적 책임을 동시에 고려할 때 비로소 우리가 직면한 미래의 문제들을 해결할 수 있을 것이다.

참고문헌

김지운(2025.2.11). AI 로봇 혁명, 올해 산업 현장을 뒤흔든다: 지능형 협동 로봇 시대 개막…58억 달러 시장 '폭풍 성장' 예고. 산업저널. https://industryjournal.co.kr/news/240353

이춘식(2024). 인공지능 시대의 기술철학 담론: 인문학적, 공학적, 통합적 관점을 중심으로. ≪한국실과교육학회지≫, 37권 3호, 153-172쪽.

Fu, Z., & Zhou, Y.(2020). Research on human-AI co-creation based on reflective design practice. *CCF Transactions on pervasive computing and interaction*, 2(1), pp.35-49

Nakagawa, M.(2024.4.2). Sustainable by design: Advancing the sustainability of AI. Microsoft. https://www.microsoft.com/sustainability

박신희

20년 이상의 현장 실무 경험과 연구를 바탕으로 융합 디자인 연구소 '메타필리아'를 운영하고 있다. 경복대학교 시각디자인학과 겸임교수다. 홍익대학교(서울) 광고홍보학과에서 브랜드매니지먼트를 전공으로 석사 학위를 받았으며, 같은 대학원에서 시각디자인 전공으로 미술학 박사 학위를 취득했다. 홍익대학교 미술디자인·공학연구소에서 선임연구원으로 근무했으며, 박사학위 논문 제목은 "트랜스미디어 스토리텔링을 통한 장소 만들기 연구: 앙리 르페브르의『공간의 생산』중심으로"다. 디자인과 브랜드 전략 및 기술에 관한 여러 논문을 게재했으며, (사)한국브랜드디자인학회 AI융복합분과 상임이사이자 다수의 학회에서 논문 심사위원으로 활동하고 있다. 주요 연구 분야는 디자인, 브랜드, AI, 장소, 미디어다. 연구 분야에 대한 다학제적 접근과 이론과 실무의 결합을 통해 통찰을 제시하는 것을 중요하게 생각한다.